ヨハネの黙示録

小河　陽 訳

石原綱成　図版構成

講談社学術文庫

はしがき

あらゆる黙示文書がそうであるように、ヨハネの黙示録は世界に対する神の審判の幻を語る書であるが、キリスト教の歴史において、本書ほどしばしば問題となった、あるいは濫用された書物はないであろう。二世紀末になって、東方教会においては三世紀中頃にやっと正典として認められ、宗教改革者たちにはほとんど評価されず、啓蒙主義の時代には使徒ヨハネの書ではないとして見捨てられる一方で、熱狂主義者たちによっては情熱的に読まれ、評価され、引用された書であった。この黙示録が書かれたのはキリスト教新約聖書の中では最も遅く、紀元一世紀末である。世紀末が近い昨今、ふたたびこの黙示録への関心が寄せられることは、理由のないことではない。

百年間の歴史の節目にあって、そこには一方で、これまで雑然と積み重ねられてきた人間的営為が、秩序だった整理をつけがたいまでに乱雑な姿を呈して堆積しているのを見る思いがある。他方で、そのような混乱をことごとく片づけ、全く新しい秩序をもたらす未来を夢見る待望がある。そのような、時代の節目に漂う雰囲気にぴったりと重なって、黙示録はわれわれを未来の可能性へと誘うのである。

この書はヨハネと呼ばれる人物が世界の終末についての自分の幻視を物語った書である。彼はそれを預言者として語っている。しかし、それらは神が将来に備えた出来事、すなわち現在は天上において隠され、近い将来に人間世界に介入してくる未来の出来事を語っているだけではない。他方では、著者はすでに実現された世界の終末を、つまり、キリストの支配、サタンの敗北、信徒の救いについての、目に見えない神秘ではあるが、すでに現実となっている事柄を幻として見ているのである。そこに、彼の幻が持つ力強さの理由がある。

著者ヨハネは、その幻視を旧約聖書やいわゆるユダヤ教黙示という伝統世界で知られた表象や象徴を縦横無尽に利用して語る。彼はそれらに依拠するのではなくて利用するのである。それは彼の言葉を理解しようとする者にも、彼と同じように表象や象徴の世界を自由自在に駆け回るだけの想像力を要求する。西洋諸国の教会伽藍の種々様々なステンドグラスや壁画は、あるいは黙示録注解書にちりばめられた挿し絵は、歴史において人々が馳せ巡らせたそのような想像力の記録の一部である。本書はそのうちのごく一部を黙示録本文と共に収めたものである。それは黙示録の世界の豊かさを証言する一つの試みではあるが、もしそのことが読者の想像力を一定のイメージに固定させてしまうとすれば、黙示録が持つ無限の世界に一つの限界を定めることになってしまう。読者諸子は、過去の読者が働かせた想像力の記録である図版をてこに、さらなる想像力を働かせて、本文が持つ創造力の豊かさを体験していただきたいと願う。

本文の翻訳は新約聖書翻訳委員会の責任において、新約聖書第五分冊『パウロの名による書簡　公同書簡　ヨハネの黙示録』として岩波書店から出版されたものである。全体を再検討してごく僅かな修正を施しているが、訳文はほぼ同一のものである。注釈に関しては、聖書学的・神学的な説明や議論の紹介に類するものは割愛し、本文の内容理解に役立つものに限定した。この本文に、キリスト教図像学の専門家である石原綱成氏によって適切な図版が添えられた。豊富な図版とその解説と共に、多少とも楽しく、また読みやすくなり、ヨハネの黙示録がより身近な書となることを願っている。

一九九六年初秋

新約聖書翻訳委員会
ヨハネの黙示録担当
小河　陽

目次

凡例

一、翻訳のギリシア語底本は、ネストレ－アーラント校訂本二七版（一九九三年）（Nestle-Aland, Novum Testamentum Graece, Stuttgart 1993^{27}）である（以下「底本」と略記する）。

二、本文中の［　］は、底本の校訂者自身が元来の本文に存在したか否か、判断を保留している箇所である。

三、原文にはないが、邦訳上必然となるような敷衍部分は——ごく常套的で瑣末な例は除いて——すべて〔　〕に入れて、それが訳者の責任における挿入部分であることを明示した。この〔　〕と、上記二の［　］との明確な性格の差に留意されたい。

四、旧約聖書の引用部分は、太明朝体で示してある。それはたいていの場合、底本におけるイタリック部分と重なるが、訳者の判断で異なる場合もある。ただし、これは別に注記しない。

五、段落の取り方は、大部分底本にならっている。

六、小見出しは、理解のための便宜手段であり、原文には存在しない。小見出しの文面およびその範囲は種々の翻訳を参照してはいるが、最終的には訳者の作である。

七、各章末に置かれた注は、本文をよりわかりやすく説明するものであると同時に、問題の多い箇所において、訳者の翻訳の根拠を示すものでもある。また、従来の翻訳との批判的対話の空間でもある。

八、用語のうち、基本的なものおよび多出するものは、巻末の「補注　用語解説」にまとめて採録した。それに該当する事項が本文に初めて現れた場合、および初出ではなくとも本文の内容からして補注を参照して欲しい場合は、当該事項の箇所に＊印を付してある。

九、人名・地名等の表記は、『旧約新約聖書大事典』（教文館、一九八九年）のそれを基にし、これに「新共同訳聖書」（日本聖書協会、一九八七年）を考慮しつつ、決定した。度量衡に関しては、問題がない限りにおいて、「新共同訳聖書」に準拠した。

旧約・新約聖書 諸文書略号表

I 旧約聖書

創	創世記
出	出エジプト記
レビ	レビ記
民	民数記
申	申命記
ヨシ	ヨシュア記
士	士師記
ルツ	ルツ記
サム上	サムエル記上
サム下	サムエル記下
王上	列王記上
王下	列王記下
代上	歴代志上
代下	歴代志下
エズ	エズラ記
ネヘ	ネヘミヤ記
エス	エステル記
ヨブ	ヨブ記
詩	詩篇
箴	箴言
コヘ	コーヘレト書
雅	雅歌
イザ	イザヤ書
エレ	エレミヤ書
哀	哀歌
エゼ	エゼキエル書
ダニ	ダニエル書
ホセ	ホセア書
ヨエ	ヨエル書
アモ	アモス書
オバ	オバデヤ書
ヨナ	ヨナ書
ミカ	ミカ書
ナホ	ナホム書
ハバ	ハバクク書
ゼファ	ゼファニヤ書
ハガ	ハガイ書
ゼカ	ゼカリヤ書
マラ	マラキ書

Ⅱ　新約聖書

マコ	マルコ福音書	マルコによる福音書
マタ	マタイ福音書	マタイによる福音書
ルカ	ルカ福音書	ルカによる福音書
使		使徒行伝
ヨハ	ヨハネ福音書	ヨハネによる福音書
Ⅰヨハ	Ⅰヨハネ書	ヨハネの第一の手紙
Ⅱヨハ	Ⅱヨハネ書	ヨハネの第二の手紙
Ⅲヨハ	Ⅲヨハネ書	ヨハネの第三の手紙
ロマ	ロマ書	ローマ人への手紙
Ⅰコリ	Ⅰコリント書	コリント人への第一の手紙
Ⅱコリ	Ⅱコリント書	コリント人への第二の手紙
ガラ	ガラテヤ書	ガラテヤ人への手紙
フィリ	フィリピ書	フィリピ人への手紙
Ⅰテサ	Ⅰテサロニケ書	テサロニケ人への第一の手紙
フィレ	フィレモン書	フィレモンへの手紙
エフェ	エフェソ書	エフェソ人への手紙
コロ	コロサイ書	コロサイ人への手紙
Ⅱテサ	Ⅱテサロニケ書	テサロニケ人への第二の手紙
Ⅰテモ	Ⅰテモテ書	テモテへの第一の手紙
Ⅱテモ	Ⅱテモテ書	テモテへの第二の手紙
テト	テトス書	テトスへの手紙
ヘブ	ヘブル書	ヘブル人への手紙
ヤコ	ヤコブ書	ヤコブの手紙
Ⅰペト	Ⅰペトロ書	ペトロの第一の手紙
Ⅱペト	Ⅱペトロ書	ペトロの第二の手紙
ユダ	ユダ書	ユダの手紙
黙	黙示録	ヨハネの黙示録

ヨハネの黙示録

1

序文

[1]これは、イエス・キリストの黙示である。この黙示は、すぐにも起こるはずの
〔一連の〕事柄を、神が自分の僕《しもべ》たち*に示すために、イエス・キリストに与えたもの
であり、そして〔そのイエスが今度は〕自分の天使を遣わして、彼の僕であるヨハネ
に知らせたものである。[2]そのヨハネが、自分の見たことすべてを〔語って、これ
が〕神の言葉とイエス・キリストの証言〔であること〕を証言する。[3]〔礼拝におい
て〕この預言の言葉を朗読する者、そしてそれを聞き、その中に書かれていることを
守る者たちは、幸いである。なぜなら、〔それが実現する〕時は間近だからである。

冒頭の挨拶

[4]ヨハネからアシア州にある七つの教会(1)に〔挨拶を送る〕。現在在《いま》し、かつても在
し、またこれから来る方から、また、その方の玉座の前に〔侍って〕いる七つの霊(2)か
ら、恵みと平安とがあなたがたにあるように。[5]さらに、イエス・キリストからも。

イエス・キリストは、信頼に足る証人であり、死人たちの中から最初に〔命へと〕生
まれた者、また地上のもろもろの王の支配者である。
私たちをいつも愛し、また自分の血でもって、私たちのもろもろの罪から、私たち
を解放した者、6そして、彼の父である神に私たちが祭司として仕えるために、私た
ちを用いて王国を造り上げた者、この方に、栄光と権力とが〔世々〕永遠にあります
ように、アーメン*。

7見よ、その方が雲に乗って来る。
そしてあらゆる人の目が彼を見る、
彼を突き刺した者たちさえも。
地上のあらゆる部族は、彼のゆえに胸を打ち叩いて嘆く(3)。
然り、アーメン。

8全能者にして神なる主、現在在し、かつても在し、またこれから来る者が、こう
言われる、「私はアルファであり、オメガである*」。

予備の幻

9あなたたちの兄弟でもあり、イエス・キリストのうちにあって、患難と王国*と忍

図1　「キリスト，天使を遣わしてヨハネに黙示をあたえる」『ベアートゥス注釈書』サント・ドミンゴ・デ・シロス，1100年頃，ロンドン国立図書館　イエス・キリストが天使を遣わして，黙示を僕ヨハネに与える場面が上下の場面に分けて描かれている。馬蹄形のアーチはマンドルラ（光の環）を表し，その中で玉座のキリストは正面を向いている。様式はモサラベ美術の影響を色濃く残している。

図2　「キリストのモノグラムとアルファ・オメガ」（浮彫）11世紀，トゥールーズ，オーギュスタン博物館　キリストのモノグラム（*XP*）の中にアルファとオメガの文字があり，それを2人の天使が支えている。初期キリスト教の象徴の名残である。アルファとオメガは黙示録美術のなかで最も古い図像表現であり，すべての始まりと終わりを意味する。この言葉は黙示録の中で3度使われる。

図３　「雲に乗って現れるキリスト」『ベアートゥス注釈書』レオン，975年，ヘローナ大聖堂美術館　この図には仏教美術の「阿弥陀聖衆来迎図」と構図的な類似性がみられる。下界の人々が雲に乗って現れる阿弥陀如来を仰ぎ見ているようである。これを説明するためには，イベリア半島に西域の仏教美術の影響をうけたシリア写本が伝来していたと考えるよりほかはない。

耐とをあなたたちと共にわかち合っている私ヨハネは、神の言葉〔を伝え、〕またイ
エス・キリストについて証言〔した〕ために、パトモス*とよばれる島にいた。
10主の
日*に、私は霊に満たされて、私の背後で、ラッパの響きのような大声がするのを聞い

図４　「雲に乗って現れるキリスト」『ベアートゥス注釈書』サン・スヴェール，11世紀中頃，パリ国立図書館　キリストのマンドルラから放たれる光は３層を成し，あたかも怒濤のようである。また，キリストのニンブス（光輪）に十字架が描かれているのはベアートゥス写本の特徴の一つである。キリストは正面を向き，黙示を天使に示している。

図6　「パトモス島のヨハネ」ヨハネ祭壇画右翼（部分），ハンス・メムリンク，1475–79年，ブルッヘ，メムリンク美術館　ジオットと対照的にメムリンクの描くヨハネは若く，しっかりと天を見つめ，幻想を書物に書き留めている。彼の目前には「玉座の幻視」，「四人の騎士」，「力強い天使」，「女と子供と竜の幻」，「ミカエルと竜の天上での戦い」等，黙示録の代表的な場面が展開される。

図5　「パトモス島のヨハネ」ジオット，ペルッツィ礼拝堂，右壁（部分），1335年，フィレンツェ，サンタ・クローチェ聖堂　この図像が『福音書記者聖ヨハネ伝』のなかに組み込まれていることは，ジオットが黙示録の著者を福音書記者ヨハネとしていることを示す。ヨハネは周りを海に囲まれた小さな岩の島におり，霊に満たされているというよりも，頬杖をつき，うたた寝をしているようである。

図7　「七つの燭台の間に立つ人の子」アナグニ聖堂壁画，13世紀中頃　マンドルラ内にいるキリストは白い羊毛のような髪をして，右手には7つの星，左手には鍵を持ち，口からは鋭い諸刃の太刀が出ている。このような玉座の図像は時空を越えた神の顕現を表す。

た。11その声は、「お前が見るものを小巻物に書きとって、それをエフェソ*、スミュル
ナ*、ペルガモン*、テュアティラ*、サルディス*、フィラデルフィア*、そしてラオデキア*
にある、七つの教会に送れ」と言った。

12私は、私と話しているのはど
んな声なのかと思って、後ろを振
り向いた。そうして振り向いた時
に、私は七つの金の燭台を見た。
13それらの七つの燭台の真中に
は、人の子*のような者が全身を足
もとまで衣に包み、金の帯を胸に
締めて〔立っていた〕(4)。14彼の髪の
毛は白い羊毛のように、また雪の
ように、真っ白であった(5)。そして
その目は、燃え上がる火のようで
あった。15その足といえば、まる
で炉の灼熱で精錬されたもののよ

うな、つやのある真鍮に似ており、その声といえば、大水の轟きのようであった。16そして、右手には七つの星を持ち、[6]口からは、鋭い諸刃の太刀が出ていた。[7]彼の顔つきは、燦然と輝く太陽のようであった。

図８　「七つの燭台の間に立つ人の子」ネーデルラントの黙示録写本，1400年頃，パリ国立図書館　白髪で７つの星をもち，口から太刀の出たキリストの前には７つの燭台，後ろには７つの教会，前景にはヨハネが天使から黙示を受け取る場面が描かれている。それぞれの教会の正面入り口では天使がひざまずき，キリストを礼拝している。画面の左下で赤い頭巾をかぶり，船に乗る男は，２章６節の憎まれる「ニコライ派」の人であろう。

17私はその者を見た時、まるで死んだかのように、その足もとにばったり倒れた。
そこでその者は右手を私の上に置いて、こう言った。
「恐れるな、私は最初の者であり、最後の者であり、18また〔現在〕生きている者で
ある。私は一度は死人となったが、しかし見よ、今や世々永遠に生ける者である。そ
して、私は死〔の門〕と黄泉《よみ》〔の国*の門〕とを開く鍵を持っている。19それだから、
今お前が見たこと、また今あること、そしてそれらの後に起ころうとしていることを
書き留めよ。20お前が私の右手に握られているのを見た七つの星と七つの金の燭台と
の秘められた意味*〔はこうである〕。それらの七つの星は七つの教会の使いたちであ
り、それらの七つの燭台は七つの教会である。

注

（1）一11に言及される、ローマ属州である小アジア西部（現在のトルコ、州都はエフェソ）の代表的な七つの教会。数七は「完全、完成、全体、成就」を象徴する概念であって、「完全な教会」を意味している。

（2）天使的な存在か（トビト記一二5以下参照）、あるいは神の霊の多様な働きを象徴的に表現したもの（イザ一一2参照）。

（3）ゼカ一二10以下とダニ七13の混交引用。「胸を打ち叩いて」は「嘆き悲しむ」動作。

（4）「金の帯」は王のしるし、それを胸に締め足まで届く長衣を着ることは、旧約聖書や古代ユダヤ教で僧服を意味した。
（5）「白い」は清浄さや貞潔や純粋無垢の象徴というより、その連想から天上界に属することの象徴。それゆえ、「白い」は次の「精錬された……つやのある」と同様、天上界の栄光・輝きを表現。
（6）「神の右手」は神の力の象徴。
（7）「諸刃の太刀」は力強い神の言葉を象徴。人の子による敵対者たちへの終末的さばきが、言葉によるさばきであることの暗示。

2

エフェソにある教会に宛てた手紙

1エフェソ*にある教会の使いに、こう書き送れ。
『右手に七つの星を握る者、七つの金の燭台の真中を歩む者が(1)、次のように語ってい
る。2「私はお前の〔善き〕行ないを、そして、お前の苦労や忍耐を〔知っており〕、
それにお前が悪を行なう者たちに我慢がならないことも知っている。それにお前は、
使徒ではないのに自分たちは使徒であると自称する者たちを試し、彼らが偽者である
と見抜いたことも、私は知っている。3お前は忍耐強く、私の名のゆえに(2)大変苦労
し、決して倦み疲れることはなかった。4しかし、お前が初めに持っていた〔私へ
の〕愛から離れてしまったことは、お前に苦情を言いたい。5それゆえ、お前がどこ
から転落してしまったのかを思い出して悔い改め、お前が初めに行なっていたことを
行なえ。さもなければ、私はお前のところにやって来て、お前の燭台をその場所から
取り除いてしまう(3)、もし、お前が悔い改めるのでなければだ。6しかし、お前がニコ
ライ派(4)の人々の行ないを憎んでいること、そのことはお前の取り柄である。彼らの行

ないは、私も憎んでいる。7〔聞く〕耳のある者は、霊が諸教会に告げることを聞け。
勝利する者には、私は神の楽園に立っている命の木の実を食べる〔特権〕を与えよ
う⑤』」。

スミュルナにある教会に宛てた手紙

8スミュルナ*にある教会の使いには、こう書き送れ。
『最初の者にして最後の者、〔一度は〕死人となったが生き返った者が、次のように
語っている。9「私は、お前が患難に苦しみ、貧しさにあえいでいること、それにもか
かわらず、お前が〔本当の〕豊かさを持っていることを知っている。それに、自分た
ちはユダヤ人であると自称する者たちから〔お前が〕受ける中傷についても、私は知
っている。彼らは、ユダヤ人であると自称してはいるが、実はそうではなくて、サタ
ンの会堂*〔に属する者たち〕である。10お前が蒙《こうむ》ろうとしている苦しみを恐れてはな
らない。よいか、悪魔はお前たちの信仰を試みるために、お前たちの中から何人かを
獄に投げ入れようとしている。お前たちは十日間迫害を受けるであろう。しかし、死
に至ろうとも、〔私に〕忠実であれ。そうすれば、私はお前に命の冠*を与えよう。
11〔聞く〕耳のある者は、霊が諸教会に告げることを聞け。勝利する者は、決して

第二の死*によって傷つけられることはないのだ』。

ペルガモンにある教会に宛てた手紙

12ペルガモン*にある教会の使いには、こう書き送れ。
『鋭利な諸刃の太刀を持った者が、次のように語っている。13「私はお前がどこに住ん
でいるのか知っている、そこに、サタンの王座があることもだ。⑥〔それでも〕お前が
私の名を堅く信奉して、⑦私への信仰を否認しなかったこと、それも、私の忠実な証人
で、殉教したアンティパスの時代においてさえもそうであったことを〔私は覚えてい
る〕。アンティパスはサタンが住むお前の町で殺されたのだった。14しかし、私はお前
に苦情を言いたいことが少しばかりある。すなわち、お前のもとには、バラム*の教え
を堅く信奉する者たちがいる。バラムはバラクに、イスラエルの子らが躓くように謀
ることを教えた。彼らが、偶像への供物を食し、淫行を行なうように、である。15同
じく、お前は、ニコライ派の教えを堅く信奉する者たちにも寛容だ。16だから、悔い
改めよ。さもなければ、私は瞬く間にお前のもとに行って、太刀のように鋭い私の口
でもって、彼らと戦うであろう。17〔聞く〕*耳のある者は、霊が諸教会に告げることを
聞け。勝利する者には、私は隠されたマナを食べさせ、白い小石を与えよう。その小

石の上には、それを受け取る者以外は誰も知らない新しい名前が書かれているの
だ』」。

テュアティラにある教会に宛てた手紙

[18]テュアティラ*にある教会の使いには、こう書き送れ。
『燃える炎のような目を持ち、その足はつやのある真鍮のようである神の子が、次の
ように語っている。[19]「私はお前の〔善き〕行ないを〔知っており〕、お前の愛と信仰
と奉仕と忍耐とを〔知っており〕、またお前の最近の行ないが初期の行ないにまさっ
ていることも知っている。[20]しかしそれでも、私はお前に対して苦情を言いたいこと
がある。なぜなら、お前は女預言者だと自称するあの女イゼベル(8)をそのなすがままに
させて、〔そのため〕あの女は私の僕*たちに誤った教えを与え、また惑わして、彼ら
に淫行を行なわせ(9)、偶像に捧げられた供物を食べさせているからである。[21]私はかの
女が悔い改めるために猶予を与えた。それなのに、かの女は悔い改めて淫行を止めよ
うとしない。[22]だから、私はかの女を病の床に伏させる。また、かの女と姦通する者
たちが、悔い改めてかの女のもろもろの〔淫乱なる〕行ないから離れるのでなけれ
ば、彼らを大いなる苦しみに会わせる。[23]そして、かの女の子供たちをも、私は死で

もって打ち殺す。こうして、すべての教会が、私は人の心と想いとを探し出す者であ
ることを知るであろうし、また、私はお前たちの一人一人に、お前たちの行ないに応
じて、ふさわしい報いを与えるであろう。24しかし他の、テュアティラにいる信徒の
中で、そのような教えを受け入れず、あの者たちが言うところの『サタンの深み(10)』を
学ばなかった者たちに言うのだが、私はお前たちには新たな重荷を負わせないつもり
だ。25ただ、お前たちが今持っているものを、私が来る時までしっかり握りしめて
おれ。

26勝利する者、また私が〔望む〕行ないを最後まで行ない続ける者、その者に私は
諸民族を支配する権威を授けよう。

27彼は鉄の杖でもって、
彼らを支配する(11)。
あたかも陶器が粉々に打ち砕かれるように(12)。

28私もまた同じように、私の父から〔権威を〕受けたのである。かの者に、私は明
けの明星*も与えよう。29〔聞く〕耳のある者は、霊が諸教会に告げることを聞け』。

注

(1) これは教会の間を歩むキリストの描写。
(2) 「私の名」とはイエスその人を意味する。
(3) 世の光としての教会の役目を果たせなくすること。
(4) 詳細はわからない。二世紀以後の教父たちは、グノーシス的自由主義者とするが、現存するグループを知っていた様子はない。
(5) 「命の木の実を食べる」とは、永遠の命を得るということである（創三22－24参照）。
(6) ペルガモンの町の中央の丘の上には、ゼウス神に献げられた壮大な祭壇が建てられていた。あるいは、アスクレピオス神殿か、皇帝礼拝のための神殿のこと。
(7) このペルガモンの殉教者については、人物も殉教の事情も知られていない。
(8) この女預言者が実際にイゼベルという名前であった可能性は否定できないが、おそらく14節のバラムと同様に、旧約聖書からとられた象徴的な名前（王上一六31、王下九22、30ほか参照）。北イスラエル王国にバアル宗教を導入し、ヤハウェの預言者を迫害、殺害した。
(9) 旧約聖書では、「淫行を行なうこと」や「姦通すること」はしばしば偶像崇拝に走ることを意味した。
(10) おそらく、イゼベル一派が信仰の極致としての自分たちの教説を「神の深み」と呼んでいたものを、著者が皮肉に表現し直したもの。
(11) 「支配する」と訳した語は「牧する」という動詞であり、この語はヘブライ語の詩篇の「打ち破る」を読み違えたとの解釈もある。
(12) 詩二8－9。これはメシアに関する預言とみなされていた。

3

サルディスにある教会に宛てた手紙

1サルディス*にある教会の使いには、こう書き送れ。
『神の七つの霊と七つの星とを持つ者が、次のように語っておられる。「私はお前の
行ないを知っている。お前は生きているとの評判を得てはいるが、(1)〔実際には〕死ん
でいる。2目を覚ませ、そして、〔お前の中の〕死にかけてはいるが、まだ残っている
ものを元気づけよ。なぜなら、私には、お前の行ないが私の神の期待した通り完全に
行なわれたとは思えない。3それゆえ、お前がどのように〔教えを〕受けまた聞いた
かを思い出し、〔それを〕堅く守って、悔い改めよ。もしお前が目を覚まさないな
ら、私は盗人のようにやって来る。いつ私がお前のもとにやって来るか、お前にはわ
からない。4しかしながら、サルディスには、自分たちの着物を汚さなかった者たち
が幾人かいる。(2)彼らは私と共に、白い〔着物を〕着て歩むであろう。彼らは〔そうす
るに〕ふさわしいからだ。
5勝利する者は、同じように、白い着物を着せられる。そして、私は彼らの名前を

命の書*から消し去ることは決してせず、私の父と父の天使たちの前で、彼が私に属するものであることを公言する。6〔聞く〕耳のある者は、霊が諸教会に告げることを聞け』。

フィラデルフィアにある教会に宛てた手紙

7フィラデルフィア*にある教会の使いには、こう書き送れ。

『聖なる者、真実なる者が次のように語っている。ダビデの鍵*を持ち、〔そのため、〕この者が開けば、誰も閉めることができず、またこの者が閉めれば、誰も開けることのできない、そのような者が〔語ることである〕。8「私はお前の行ないを知っている。見よ、私はお前の前に扉を開いたままにしておいた(3)。それは誰も閉めることができない。なぜなら、お前は小さな力しかないのに、私の言葉を守り、私の名前を否認しなかったからである。9よいか、私はサタンの会堂*に属する者たちにこうするつもりだ。彼らは、ユダヤ人であると自称しているが、〔実は〕そうではなくて、偽っているのである。よいか、私は彼らをお前のもとに来させて足もとに平伏させ(4)、私がお前を愛している(5)ことを彼らに知らしめる。10お前は、堪え忍ぶことを勧める私の言葉を堅く守ったから、私もまた、地上に住む者たち(6)を試みるために全世界にまさに臨ま

んとしている試練の時にも、お前を安全に守る。11私はすぐにもやって来る。お前が
今持っているものをしっかりと握りしめておれ。誰も、お前の冠を奪い取ることのな
いためである。

図9　「サルディス，フィラデルフィア，ラオデキアの教会に宛てた手紙」ネーデルラントの黙示録写本，1400年頃，パリ国立図書館　キリストの頭部が描かれ，天使の代わりにニンブスをつけた鳩がヨハネに黙示を与える。左下にあるフィラデルフィアの教会の前では敬虔な人々がひざまずいている。これは3章8節の「お前の前に扉を開いたままにしておいた」という言葉を表している。右下のラオデキアの教会の前では「甦った貞淑なエバ」と3章17節の「哀れな裸の男」がいる。

12勝利する者、私はその者を私の神の神殿の柱としよう[7]。彼はもう二度とそこから
外に出ることはない。私は彼の上に、私の神の名と私の神の都の名、すなわち、私の
神のもとから離れて天上から降ってくる新しいエルサレムの名と、私の〔与える〕新
しい名とを書き記す。13〔聞く〕耳のある者は、霊が諸教会に告げることを聞け』」。

ラオデキアにある教会に宛てた手紙

14ラオデキアにある教会の使いには、こう書き送れ。
『アーメンである者[8]、すなわち忠実にして真実なる証人、神の被造物の初めである者
が、次のように語っている。15「私はお前の行ないを知っている。お前が冷たくも熱く
もないことをだ。お前は冷たいか、あるいは熱いか、そのどちらかであってほしいも
のだ。16こんな風に、お前は生温くて、熱くも冷たくもないから、私はお前を口から
吐き出そうとしている。17お前は、『私は金持ちで、豊かになった。不足するものは何
一つない』と言っているが、〔実は〕自分が惨めな者、哀れで、貧しく、目が見え
ず、また裸であることを知らないのだ。18〔そこで、〕私はお前に助言する。〔本当に〕
豊かになるために、火でもって精錬された黄金を私から買うように、そして、お前の
恥ずかしい裸の様が人目に晒されることのないよう着物を身に着けるために、白い着

物も〔買うように〕。また、お前の目が見えるようになるために、お前の目に塗り込
むための目薬も〔買うように〕(9)。19私は、自分の愛する者たちをこそ、皆叱責し懲らし
める。だから、一所懸命になって、悔い改めよ。20ほら、〔今ここで〕私は戸口に立っ
て、戸を叩いている。もし、私の声を聞き、戸を開けるならば、私はその者のところ
に入って客となり、彼と一緒に食事をし、彼も私と一緒に食事するであろう(10)。
21勝利する者、私はその者に私と並んで私の王座に座る権利を授けよう。私もまた
同じように、勝利して、私の父と並んで彼の王座に座ったのだ。22〔聞く〕耳のある者
は、霊が諸教会に告げることを聞け』」。

注

(1)　信仰の報酬としての命の約束を与えられていると評判されている、という意味。

(2)　教えを忠実に守り、偶像礼拝や肉体的快楽（ユダ23参照）などの不道徳な行ないをしなかった、という意味に解釈されるのが普通。

(3)　終末的な救いの機会が与えられているとの意味。

(4)　「来て平伏する」は臣従の行為を言い表す。この町に住むユダヤ人の改宗、入信を約束する表現。

(5)　「神が愛する」は、神の選びを意味する表現としても用いられる。

(6)　地上に住む人間一般ではなく、異教世界、神に敵対する者たちを意味する。前者を言い表すときには、「地上に座っている人々」と表現される（一四6参照）。

(7) 信徒は永遠に神の臨在のもとに留まる、との意味。
(8) イエス・キリストのこと。
(9) 「黄金」、「着物」、「目薬」のモティーフは、「金融業」、「織物業」、「フリュギアの目薬」というラオデキアの町の富の三大源泉であり、また町の誇りでもあった特色を連想させる。
(10) 「食事を共にする」は、終末時にもたれる「メシアの饗宴」への参与という、終末時の祝福を表現する。

4

天上界での神の栄光とその賛美

1この後に、私は見た、すると開かれた扉が天上にあるではないか(1)。そして、あの
最初〔に聞いた〕声が、ラッパのような声で私に語りかけるのを聞いた。それは、
「ここまで上がって来い。そうすれば、私は今後起こるはずのことをお前に見せよ
う」と言っていた。2私はたちまち霊に満たされた。するとそこ、天に玉座が据えら
れていて、その玉座に座っている者がいた。3座っている者の相貌は、碧玉と紅玉髄
のようであった。そして、その玉座のまわりを、エメラルド色をした虹が取り巻いて
いた。4また、玉座のまわりには二十四の王座があって、その王座には、白い着物を
身にまとい、頭には金の冠を被った二十四人(2)の長老たちが座っていた。5玉座からは
稲妻が閃き、轟音が聞こえ、また雷の轟きがしていた。また、玉座の前では七つの火
の燭台が燃え盛っていたが(3)、それは神の七つの霊であった(4)。6玉座の前は、水晶のよ
うに透明な、ガラスの海のようなものがひろがっていた。玉座の中央と玉座の周囲に
は、前面も背面も、一面に目で覆われた四匹の生き物が侍っていた(5)。7第一の生き物

図10 「玉座の神と小羊」ネーデルラントの黙示録写本，1400年頃，パリ国立図書館　7つの封印のついた書物を持つ7つの角，7つの目を持つ小羊が，4匹の生き物に囲まれる。その後では金の冠を被った24人の長老が竪琴，ヴァイオリン，リュートを奏でる。画面の上部には7つの燭台がある。

はライオンに似ており、第二の生き物は若い雄牛に似ており、第三の生き物は人間の
ような顔を持っており、そして第四の生き物は飛んでいる鷲に似ていた。8それら四
匹の生き物は、それらの各々が六つの翼を持っており、まわりじゅう、しかも〔翼

図11　「キリストと四匹の生き物」パリ，ノートルダム大聖堂のティンパヌム（入り口上部にある半円形の小壁），1144–55年頃　ライオン，雄牛，鷲，人間の４匹の生き物がキリストの周りを取り囲んでいる。４章８節では「各々が６つの翼を持って」いるとされているが，この彫刻では翼は２つである。またこの構図はマエスタ・ドミニ（荘厳のキリスト）として知られている。

の」内側まで、目で覆われている。それらは昼も夜も休むことなく、こう言い続けている、

「聖なるかな、聖なるかな、聖なるかな、
主、全能者なる神、[6]
かつて在し、現在も在《いま》し、またこれから来る者」。

9これらの生き物が栄光と
誉れと感謝とを、玉座に座っ
ている、世々永遠に生き続け
る者に捧げるたびに、10玉座
に座っている者の前で、二十
四人の長老たちが平伏し、

世々永遠に生きる者を礼拝し、玉座の前に彼らの冠を投げ出して、こう言う、
11「私たちの主また神よ、
あなたこそ、栄光と誉れと力とをお受けなさるにふさわしいお方。(7)
なぜなら、あなたは万物を創造したまい、
万物はあなたの御意志に従って存在したのであり、また創造されたゆえに」。

図12　「二十四人の長老が冠を玉座の前に投げ出す」ローマ，サンタ・プラッセデ教会の凱旋門（部分）　冠を玉座に置く行為はタキトゥスによると，ペルシア王ティリダラスがネロ帝の前に自分の冠を脱ぎ，足元に置いたことに由来するという。ここでキリストは礼拝される唯一のものと解釈される。

注

(1) 天は半球形に地を覆っており、それに窓ないし戸があって、そこから雨などが降ってくると考えられていた。

(2) 「金の冠」は最高位の栄誉の徴、神と共に世界の支配者として君臨する王的権威の象徴。「二十四」という数は、星辰信仰（カルデアの二十四星、イラン宗教における星の監督者としての二十四神）、あるいはイスラエルの十二部族および新約の十二使徒（つまり、旧いイスラエルと新しいイスラエルの代表）の倍数、二十四組の神殿聖歌隊などとの関連が指摘される。

(3) 東方教会の伝説によれば、神の御前に仕える最高位の七天使の象徴。

(4) 天上の海は、おそらく神と彼の被造物との距離を示唆する。

(5) エゼ一〇14によれば、この生き物は半神半獣の有翼獣ケルビムである。多数の目は不断の見張りを象徴する。猛獣、家畜、鳥類、全被造物で考えられた自然界の中で、最も強力とみなされた四生物、それゆえ、自然界とその現象を支配する四天使の意味。

(6) イザ六3。なお黙一一17参照。

(7) 「力」は「栄光」や「誉れ」と同様に、神に本来的に備わった属性。それゆえに、「力を受ける」とは神が礼拝者から力あるものとして「告白、賛美を受ける」という意味。

5

小羊の即位

1私は、玉座に座っている者の右手に、内側にも裏側にも文字が書かれていて、七
つの封印で封をされた一巻の小巻物(1)があるのを見た。2そして私は、一人の力強い天
使が、大声でこう触れているのを見た、「この小巻物を開き、その封印を解くにふさ
わしい者は誰か」。3天上でも地上でも、また地下においても、誰一人その小巻物を開
くことも、そ〔の内側〕を見ることもできなかった(2)。4これを聞いて、私は泣きに泣
いていた。その小巻物を開くにも、そ〔の内側〕を見るにも、誰一人ふさわしい者が
見つからなかったからである。5すると、長老たちのうちの一人が私にこう言う、「泣
くのはやめなさい。ご覧、ユダ族出身のライオン(3)、ダビデの根*が勝利したので、かの
小巻物を開き、その七つの封印を解くことができるのだ」。
6すると、私は玉座と四匹の生き物の間、二十四人の長老たちの真中に、屠《ほふ》られた
ような小羊(4)が立っているのを見た。その小羊は七つの角を持ち、七つの目を持ってい
たが、それら七つの目とは、全世界に遣わされた神の〔七つの〕霊であった。7その

小羊が進み出て、玉座に座っている者の右手からその小巻物を受け取った。
8 そして、小羊が小巻物を受け取ったとき、四匹の生き物と二十四人の長老たちと
が、各々に竪琴(5)と香で溢れんばかりの金製の平鉢とを携えて、その小羊の前に平伏し

図13 「小羊が小巻物を受け取る」イングランド東部の黙示録写本，1300年頃，ダブリン，トリニティ・カレッジ　24人の長老は白い着物をまとい，王冠を被り楽器を奏でる。多くの注解者は彼らをキリスト教の聖者，あるいは旧約の敬虔な人々と理解しようとしたが，ヨハネが「わが主」と呼びかけている（7：13）ので，長老たちは聖化された人間ではなく，天使的な存在とされる。

た。その香とは、聖徒たちの祈りである。9彼らは、次のように〔歌詞を〕口ずさん
で、新しい賛美の歌を歌った(6)、
「あなたは、小巻物を受け取り、
その封印を解くにふさわしいお方、
なぜなら、あなたは屠られ、
あらゆる部族とあらゆる国語〔の違う民〕と
あらゆる国民とあらゆる民族の中から
あなたの血潮によって、〔人々を〕神のために贖われ、
10彼らをば私たちの神に仕える祭司たち〔となし〕、そして〔彼らが支配する〕
王国を造り上げたからです。
彼らは、地上を統治するでありましょう」。
11そして、私は幻の中で、玉座と生き物たちと長老たちとを取り巻いている大勢の
天使たちの声を聞いた。彼らの数は、万の数万倍、千の数千倍であって、12大声でこ
う叫んでいた、
「屠られた小羊は、
力、富、知恵、強さ、誉れ、栄光、そして賛美を受けるにふさわしきお方」。

図14 「小羊礼拝」アナグニ聖堂壁画（中央内陣左側），13世紀中頃
７本の角と７つの目のつき方が特徴的である。小羊というよりも胴体は馬のようである。

13また、天上と地上と地下と海の上
に［いる］あらゆる〔被造〕物とそれ
らの中に〔存在する〕すべてのものと
が、こう言っているのを私は聞いた、
「玉座に座しておられるお方と小
羊とに、
賛美、誉れ、栄光、そして権力と
が世々永遠にありますように」。
14そして、四匹の生き物は「アーメ
ン」*と唱え、長老たちは平伏して礼拝
した。

注

（1）「封をされた」とは、変更不可能な、また他の者たちには知られることのない秘密の、という意味。

（2）巻物は未来に対する神の計画を含んで

おり、これを実行に移すにふさわしいものは被造物の中には存在しない、という意味。

（3）創四九9で、イスラエルの族長ヤコブの祝福の中で、ユダ族はライオンと呼ばれ、他のイスラエル部族を支配する権威を与えられる。この言葉がメシア信仰から解釈されたもの。

（4）「屠られたような小羊」、すなわちキリストが「立っている」のは、復活したことを意味している。

（5）ギターに似た古い弦楽器で、木製の音響箱に十一ないし十二本の同じ長さの弦を張り、一方の端は横木の上に打たれた調律された木釘に固定されていた。

（6）神がイスラエルの民の歴史に介入するとき、民は新しい歌を歌って感謝と喜びとを表す。ここでキリストは自らの死を通して神の民を救い出し、新しい時代を開始したゆえに、「新しい歌」が歌われる。

6

六つの封印の解除

[1]それから、私は小羊が七つの封印の一つを解くのを見たが、そのとき、四匹の生
き物のうちの一つが(1)、雷の轟きのような声で、「出て来い」と言うのを聞いた(2)。[2]私は
見た、すると白い馬が〔現れた〕ではないか。その上にまたがった騎士は弓を持って
いた。そして彼に冠が与えられ、彼は勝利しつつ、なおも勝利を重ねるために、出て
行った。
[3]〔小羊が〕第二の封印を解いた時、第二の生き物が、「出て来い」と言うのを聞い
た。[4]すると、もう一頭の真っ赤な(3)馬が出て来て、その上に乗っている者に、地上か
ら平和を奪い、人間が相互に殺し合う〔ようにする〕権限が与えられた。そして、彼
に大いなる剣が与えられた。
[5]〔小羊が〕第三の封印を解いた時、私は第三の生き物が、「出て来い」と言うのを
聞いた。私は見た、すると真っ黒な(4)馬が〔現れた〕ではないか。その上に乗っている
者は、〔片方の〕手に天秤を持っていた。[6]そして、私は声とおぼしきものが四匹の生

図15 「第一の騎士」ヨハネ祭壇画右翼（部分），ハンス・メムリンク，1475–79年，ブルッヘ，メムリンク美術館　この騎士はキリスト，福音の勝利の前進（マルコ13：10）と解釈されるが，この騎士は幾多の勝利をおさめた戦士であり，彼に抵抗できるものはいない。図像では白い着物をまとい，冠を被った騎士がまさに弓を射ようとしている場面。

き物の只中から、こう言うのを聞いた、「一デナリオン[5]で一コイニクス[6]の小麦、一デナリオンで三コイニクスの大麦、しかし、オリーブ油と葡萄酒とは損なわないように[7]」。

図16　「四人の騎士」『ベアートゥス注釈書』スペイン北部，10世紀末，ブルゴ・デ・オスマ聖堂美術館　白い馬に乗る「征服者」は弓，赤い馬に乗る「戦争」は剣，黒い馬に乗る「飢饉」は天秤を持ち，青白い馬に乗る「死」は槍をたずさえている。この騎士たちについては様々な解釈があるが，中世では第一の騎士はキリストと教会を表しているものとされた。この図像の騎士にもニンブスが描かれているが，一般的には4人とも天罰の執行者とされている。

図17　「四人の騎士」『ベアートゥス注釈書』バルカバド，バヤドリッド大学図書館　モサラベ美術の影響が強いこの写本では，青白い馬に乗った騎士の後から，ハデスが付き従う。またこの4頭の馬はゼカリヤ書6章1節から8節によれば神の四方の風（白馬は西，赤馬は南，黒馬は北，青白い馬は東）や，黄道十二宮を表す。

図18　「第三の騎士」黙示録祭壇，リューベックの画家，1400年頃，右扉上，ロンドン，ヴィクトリア&アルバート博物館　黒い馬に乗る騎士は王冠を被り，ローマ皇帝を思わせる衣装をまとっている。一方の天秤には麦穂と葡萄，もう一方にはお金が入っている。左上にいる小羊は第三の封印を解く。

7そして、〔小羊
が〕第四の封印を解い
た時、私は第四の生き
物の声が、「出て来
い」と言うのを聞い
た。8私は見た、そし
て蒼白い(8)馬が〔現れ
た〕ではないか。その
馬に乗っている者、そ
の者の名前は「死」と
言い、彼の後に、〔別
の馬に乗った〕黄泉
〔の主〕が付き従って
いた。そして、地上の四分の一を支配し、太刀と飢饉と悪疫と地上の野獣とでもって
〔人間を〕殺す権能が彼らに与えられた。
9〔小羊が〕第五の封印を解いた時、私は祭壇の下に、神の言葉〔を宣べ伝え〕、ま

た自分たちが立てた証言〔に忠実であり続けた〕ために殺された者たちの魂を見た。[9]
10それらの魂は大声でこう叫んだ、「聖にして真実なるご主人様、いったいいつま
で、あなたは地上に住む者たちに対してさばきを行なわず、私たちの〔流した〕血の

図19 「第五の封印を解く，ヨハネは祭壇の下に殺された者の魂を見る」ドゥース黙示録，1270–74年頃，オックスフォード図書館　祭壇の下に，神の言葉を宣べ伝え殺された者たちに白い衣が天使より与えられる場面。天使は僧侶のように剃髪している。祭壇の上にはヴェールに覆われた聖杯がある。雲の中の小羊は第五の封印を解く。ヨハネは棺の中から甦る者たちを目撃する。

復讐をしないでおられるのでし
ょうか」。11すると、それらの魂
の各々に白い衣が与えられ、[10]そ
して、彼らと同じように、まさ
に殺されようとしている彼らの
僕仲間と彼らの兄弟たち*との数
が〔予定された数に〕達すると
きまで、なおしばらくの間静か
に待っているように、と彼らに
告げられた。
12私は〔小羊が〕第六の封印
を解くのを見たが、[11]〔その時、〕
大地震が起こった。太陽は毛で

図20　「第六の封印を解く，天空が揺り動かされる」ドゥース黙示録，1270–74年頃，オックスフォード図書館　第六の封印が解かれると，大地震が起こり太陽は黒くなり，月は血のように赤くなる。災難は2人の王と司祭や動物にも降りかかる。ヨハネはこの惨状には目もくれず雲の中の小羊を見上げている。

できた粗い布のように黒くなり、月は、全体がまるで血のように真っ赤になり、13また天の星は、まるでいちじくが青い実のまま強風に揺さぶられて振り落とされるように、地に落ちた。14そして天は、まるで小巻物が巻き取られるように消え失せ、また山や島も、皆もとあった場所から動かされた。15地上の王たち、高官たち、千人隊長たち、富める者たち、権勢ある者たち、それに、すべての奴隷民たちや自由民たちは、(12)ことごとくが洞穴や山の岩陰に身を

図21　「第六の封印を解く，天空が揺り動かされる」トリニティ黙示録，1250-60年，ケンブリッジ，トリニティ・カレッジ　大地震で建物は倒壊する。天の星はまるでいちじくが青い実のままに落とされるように地に落ちる。太陽には「粗い布」(6：12) がかかっている。黙示文学の伝統においては，終わりの時の徴として，常に天宮の震動が語られる（第四エズラ書6：14以下）。宇宙が動揺し，その秩序が混乱する。

隠した。[13] 16そして、山々や岩々に向かっ
てこう叫ぶ、「私たちの上に落ちて、玉
座に座っておられるお方の顔と小羊の怒
りとから私たちを隠しておくれ。[14] 17あの
方たちの〔復讐の〕怒りに〔燃える〕大
いなる日が来たからだ。いったい誰が、
それに耐えることができようか」。

注

(1) 以下、四頭の馬の表象はゼカ六1以下の借用である。

(2) この騎士が何を象徴しているのか明確ではないが、終末時に現れる帝国主義的侵略者の象徴とする解釈が最も有力。

(3) 「赤」は戦争とそれによって流される血を象徴する。先の騎士が侵略戦争を擬人化したものとすれば、第二の騎士は内戦のそれである。

(4)「黒」は不吉な色とされ、しばしば死を象徴していたために、戦争に続いて起こる死と飢饉を象徴するために選ばれたもの。
(5)一デナリオンは労働者のおよそ一日分の労賃。この賃金で労働者は家族全体の生計を立てるわけであるから、ここでは相当の物価の高騰が意味されている。
(6)「コイニクス」は固体、とくに穀物を量る単位で、約一・一リットル。丸一日の賃金でたった一リットルの小麦、という意味。
(7)飢饉などの災害を引き起こす際にも、人間が生存するための必需品の一部は残すように、という意味。
(8)「蒼白い」色は草木の「緑」のほか、死体の色として病気や死との関連で用いられるから、悪疫と死を象徴している。
(9)殉教者の魂は生け贄として屠られたために祭壇の下にあるとされる。
(10)彼らが将来天上界に受け入れられることの約束が与えられたことを意味する。一14の注5参照。
(11)以下の天変地異は文字通りに理解されるべきものではなく、主の日に起こる世界の激変や神的さばきを表現するもの。
(12)人間社会の代表的な身分が七つ挙げられ、「すべての」人間が神から逃げようとすることが言われている。
(13)パレスティナにおいては、山や洞穴は戦火や官憲の追及を逃れるために好んで用いられる「隠れ家」であった。
(14)ホセ一〇8。

7

幕間劇——信徒の保護

[1]この後に、私は地の四隅*に、四人の天使が立っているのを見た。彼らは、地の上
にも海の上にも、またどんな樹木の上にも風が吹きつけないように、地の四方の風を
押し止めていた。[2]また私は、別の天使が生ける神の刻印を持って、太陽ののぼる方
角(1)からのぼって来るのを見た。その天使は、地と海とに危害を加える権能を与えられ
た四人の天使たちに向かって、大声でこう叫んだ、[3]「私たちが私たちの神の僕*たちの
額に、〔その印としての〕刻印を押すまでは(2)、地にも海にも樹木にも危害を加えては
ならない」。
[4]私は刻印を押された者たちの数を聞いたが、それは十四万四千人(3)で、イスラエル
の子孫のあらゆる部族の中から〔選び出されて〕刻印を押されていた(4)。
[5]ユダ族の中から一万二千人が刻印を押され、
ルベン族の中から一万二千人、
ガド族の中から一万二千人、

6アセル族の中から一万二千人、
ナフタリ族の中から一万二千人、
マナセ族の中から一万二千人、

図22 「信徒の保護」ネーデルラントの黙示録写本，1400年頃，パリ国立図書館　白い衣を着た天使が地の四方の風を押し止める，風は息を吐く人間の顔（時には悪魔）となっており，天使はその頬を押さえている。玉座のキリストと小羊は4匹の生き物に囲まれたマンドルラの中におり，それをなつめ椰子の枝を持った人々が礼拝している。画面の下では男が物乞いに食べ物を与えているが，これは7章14節から16節の場面を表したものか。

7 シメオン族の中から一万二千人、
レビ族の中から一万二千人、
イッサカル族の中から一万二千人、
8 ゼブルン族の中から一万二千人、

図23 「神の僕たちに刻印を押す」ブリュッセルの黙示録タピストリー，1540-53年，ファーレン谷（マドリード北西）の記念教会地下聖堂　このタピストリーの構図はデューラーの木版画より影響を受けている。額に刻印を押されている男は，デューラーの「ミュンヘンの自画像」より取られていることが指摘されている。

ヨセフ族の中から一万二千人、
ベニヤミン族の中から一万二千人が刻印を押された。
9その後に、私は見た、すると多数の群衆が〔いた〕ではないか。その数は誰一人
として数えることのできないほどであって、ありとあらゆる民族、部族、国民、あら
ゆる国語〔の違う民〕からなり、白衣を身にまとい、その手にはなつめ椰子(5)の枝を持
って、玉座の前と小羊の前に立っていた。10そして彼らは大声でこう叫ぶ、
「救いは、玉座に座りたまう私たちの神と小羊とのものである」。
11そして、すべての天使たちが玉座と、長老たちと、それに四匹の生き物を取り巻
いて立っていたが、彼らは玉座の前で顔を地につけるようにして平伏し神を礼拝し
た、12次のように言いながら、
「アーメン、*賛美、栄光、知恵、感謝、誉れ、力、そして強さが、
われらの神に世々永遠にあれ。アーメン」。
13そして、長老たちの中の一人が私〔の方を向いて〕、「これらの白衣を身にまとっ
た者たちは誰なのか、また彼らはどこから来たのか」とたずねた。私は彼に、「わが
主よ、知っておられるのはあなたです」と答えた。14すると彼は私に言った、
「これらの人たちは大きな患難をくぐり抜けてきた者たちで、彼らの衣を小羊の

血で洗って白くしたのである。[6] 15それゆえに、彼らは神の玉座の前に座り、神の
神殿で昼も夜も神に仕えるのである。そして、玉座に座っている方は彼らを庇護
なさる。16彼らはもはや飢えることも渇くこともない。また太陽も、あるいはい
かなる暑さも、もはや彼らを襲うことはない。[7] 17なぜなら、玉座の真中におられ
る小羊が彼らを牧し、彼らを命の水の*〔涌き出る〕泉へと導きたまうのだから。そ
して、神は彼らの目から〔流れる〕涙を一滴残らず拭い去って下さるのだから」。[8]

注

（1）おそらくこの理由で、「東」の方角は肯定的に考えられており、エデンの園は東にあるとされたり、メシアは東から登場するとの待望を生んだ。

（2）刻印を押されることは、その印章の所有者の所有物となることを意味する。

（3）この数はイスラエルの十二部族を象徴する「十二」の二乗を千倍した数で、「無数」を意味している。

（4）十二は「完全数」であるから、ここでは旧いイスラエルではなく、キリストの信徒の群こそが真の、そして完全なイスラエルであるとの主張がある。

（5）おそらく、勝利と凱旋、ないしは勝利と喜びの徴。

（6）キリストが十字架の死によって流した血によって罪を洗い浄めた、という意味。

（7）イザ四九10。

（8）イザ二五8。

8

第七の封印

1さて、〔小羊〕が第七の封印を解いた時、およそ半時ほどの間、沈黙が天上を包
んだ(1)。2それから私は、神の前に立っていた七人の天使たちを見た。そしてその彼ら
に、七つのラッパが与えられた。
3そして〔それら七人の天使とは〕別の天使が〔現れて〕、金の香炉を携えて祭壇
に近づくと、その天使にたくさんの香が手渡された。それは、すべての聖徒たちの祈
りに添えて、玉座の前に置かれた金製の祭壇の上に供えられるためである。4そし
て、香の煙が、聖徒たちの祈りと一緒に、天使の手から神の御前にのぼった。5それ
から、天使はその香炉を手に取って、それを祭壇の火で満たしてから、地面に投げつ
けた(2)。すると、落雷と〔雷の〕轟きと稲妻、それに地震が起こった。

最初の四つのラッパ

6さて、七つのラッパを持っていた七人の天使たちは、ラッパを吹く準備を整えた。

図24 「七つのラッパが与えられる」ネーデルラントの黙示録写本，1400年頃，パリ国立図書館　天上では天使たちに7つのラッパが与えられる。別の天使は金の香炉を携えて祭壇に近づく。画面では4つのラッパまでが吹かれ，陸地に災いがもたらされる。「禍いだ」と鳴く鷲がほどかれた巻物をくわえている。

7そして、第一〔の天使〕がラッパを吹いた。すると、血の混じった雹《ひょう》と火が生じ
て、地上に投げ落とされた。[3]そして、陸地の三分の一が火に焼き尽くされ、〔陸地に
生えていた〕樹木の三分の一が焼き尽くされて、青草は残すところなく焼き尽くされ

図25 「第二のラッパ」ノルマンディーの黙示録写本，1320–30年頃，ニューヨーク，クロイスターズ美術館　第二のラッパが吹かれると，火だるまになって燃える巨大な山が海に投げ落とされた。海の３分の１は血に染まり，生き物は死に，船は壊される。

てしまった。
8そして第二の天使がラッパを
吹いた。すると、火だるまになっ
て燃える巨大な山のようなものが
海に投げ落とされた。すると、海
の三分の一は血に変わり、9海中
に住んでいた被造物で、いのちを
持っていたものの三分の一が死
に(4)、また船という船の三分の一は
壊された。
10そして、第三の天使がラッパ
を吹いた。すると、松明のように
燃え盛る巨大な星が天から落ち
て、三分の一の数の川と源泉(5)との
上に落ちた。11その星の名前は
「苦よもぎ」と言われる(6)。そし

て、水という水の三分の一は苦よもぎのように苦くなり、〔あまりにも〕苦くなった
ものだから、その水を飲んで多くの人間が死んだ。
12 そして、第四の天使がラッパを吹いた。すると、太陽の三分の一と月の三分の一

図26 「第二のラッパ，破壊される船」（部分），アンジェのタピストリー，1375-83年，アンジェ，タピストリー博物館　天からの禍いになす術もなく，うろたえ，嘆く人間たちの無力さがよく表されている。

図27 「第四のラッパ，太陽・月・星の三分の一が破壊される」『ベアートゥス注釈書』10世紀末，エスコリアル，モナステリオ王立図書館　鷲と第四のラッパを吹く天使が描かれ，両者の間に，3分の1が打ち壊された太陽と月があたかも円グラフのように表されている。この3分の1という破壊の割合は6章8節の「4分の1」よりも高まっている。これは以前よりもひどい禍いを表し，また今後の荒廃もいっそうひどくなることを意味している。

と星という星の三分の一
とが打ち壊されて、その
結果、それらの三分の一
は暗くされ、昼はその三
分の一が明かりを失い、
夜も闇を濃くした。[7]
13そして、私が見てい
ると、〔幻のうちに、〕一
羽の鷲が空高く飛びなが
ら、大きな鳴き声をあげ
て、「禍いだ、禍いだ、
禍いだ、地上に住む者た
ちにとっては。三人の天
使たちが今まさに吹き鳴らそうと構えている、残りの〔三つの〕ラッパが響き渡るの
だから」と言うのを聞いた。

注

(1) 沈黙は神の臨在（ハバ二20)、神の救済的介入（ゼカ二17)、あるいは終末的審判の日の到来（ゼファ一7）の徴である。

(2) エゼ一〇2、6-7でも、エルサレムの滅亡を象徴する行為として、炭火が都の上に撒き散らされる。

(3) 雹が地上を襲うことは、エジプトに下された第七の災害を暗示する（出九23-25)。

(4) 出七20参照。エジプトを襲う第一の災害として、モーセがナイル川を打つと、川の水は血となり、魚は死んだ。

(5) 川と源泉とで、海以外の水を指す。

(6)「苦よもぎ」は、毒性はなかったが、強烈な苦みがあるので、苦痛、悲しみ、災害の象徴として旧約聖書で用いられる（哀三15、19)。

(7) エジプトを三日間闇でおおった災害を思わせる（出一〇21-29)。

9

第五のラッパ

1そして、第五の天使がラッパを吹いた。すると、私は天から一つの星が地上に落
ちたのを見た。(1) そしてその星に、底なしの深淵*に通じる穴を開く鍵が与えられた。
2その星が底なしの深淵の穴を開いた。すると、大きな竈《かまど》から出る煙のような煙がそ
の穴から立ちのぼった。そして、その穴から〔立ちのぼる〕煙のために、太陽も中空*
も暗くなった。3それから、その煙の中からいなごが地上に飛び出た。(2) それらのいな
ごには、地上のさそりが持っている力と同じような〔人を刺す〕力が与えられた。
4しかし、それらは地上の草やどんな青物にも、あるいはどんな樹木にも害を加えな
いように、〔害を加えるのは、〕ただ額に神の刻印を持っていない人間だけにするよう
に、と言い渡された。5しかし、これらの人間を殺してはならず、ただ、五ヵ月の間(3)
彼らを苦しめることがそれらに許されたのであった。その苦しみは、さそりが人を刺
した時に〔与える〕ようなさそりの苦しみであった。6その期間、これらの人たちは
むしろ死を探し求めるであろうが、死を見いだすことはできず、また死んでしまいた

図28　「第五のラッパ，深淵の穴から現れたいなごが人を刺す」『ベアートゥス注釈書』スペイン北部，12/13世紀，パリ国立図書館　いなごの姿は軍馬，金の冠を被り，顔は人間，歯はライオンのようで鉄製の胸当てをしている。さそりのような刺のある尾で，神の刻印がない人間を刺す。いなごは人の生命にかかわる程ではないが，大変な苦痛を与える。9章5節に「五ヵ月」とあるのはいなごの生存期間に由来する。

いと望むであろうが、死の方
が彼らから逃げ出すであろ
う。
7それらのいなごの姿は、
出陣の用意を整えた〔軍〕馬
に似ており、その頭には、金
製の冠に似たもの〔を被
り〕、その顔は人間の顔に似
ていた。8それらは女の髪の
毛のような〔長い〕髪の毛を
持ち(4)、その歯と言えば、〔鋭
い〕ライオン〔の歯〕のよう
であった。9それらは、鉄製
の胸当てのような胸当てを持
ち、またそれらがはばたく羽
音は、戦場へと馳せる多数の

〔軍〕馬〔に引かれた〕戦車の轟きに似ていた。[10]また、それらはさそりのように、刺
のある尾を持っていて、それらの尾には、五ヵ月の間人間に危害を加えることのでき
る力があった。[11]それらは底なしの深淵の使いを王として戴いていたが、その使いの
名は、ヘブライ語で「アバドーン」*、ギリシア語で「アポリュオーン」*という名であ
った。

[12]第一の禍いは去った。がしかし、この後に、さらに二つの禍いが続くのだ。

第六のラッパ

[13]そして、第六の天使がラッパを吹いた。すると、私は神の御前にある金製の祭壇
の〔四隅にあった〕〔四本の〕角から一つの声があがるのを聞いた。[14]その声は、ラッ
パを持っている第六の天使に向かって、「ユーフラテスの大河のほとり(5)に縛られてい
る四人の天使を解き放て」と言った。[15]そして、それら四人の天使が解き放たれた。
人という人の三分の一を殺すために、まさにこの年の、この月の、この日の、この時
刻のために、用意の整えられていたかの天使たちが〔解き放たれたのである〕。[16]天使
たちの騎兵大隊は万を二万倍した数(6)であった。私は彼らの数を〔この耳で〕聞いた。
[17]私が幻の中で見た馬とその騎手の様子は次のようなものであった。すなわち、彼

らは火のように赤く、くすぶったように青く、また硫黄のように黄色い胸当てを着け
ていた。馬たちの頭はライオンの頭のようで、口からは火と煙と硫黄(7)とを吐いてい
た。18これら三つの災い、すなわち、それらの馬の口から吐き出される火と煙と硫黄

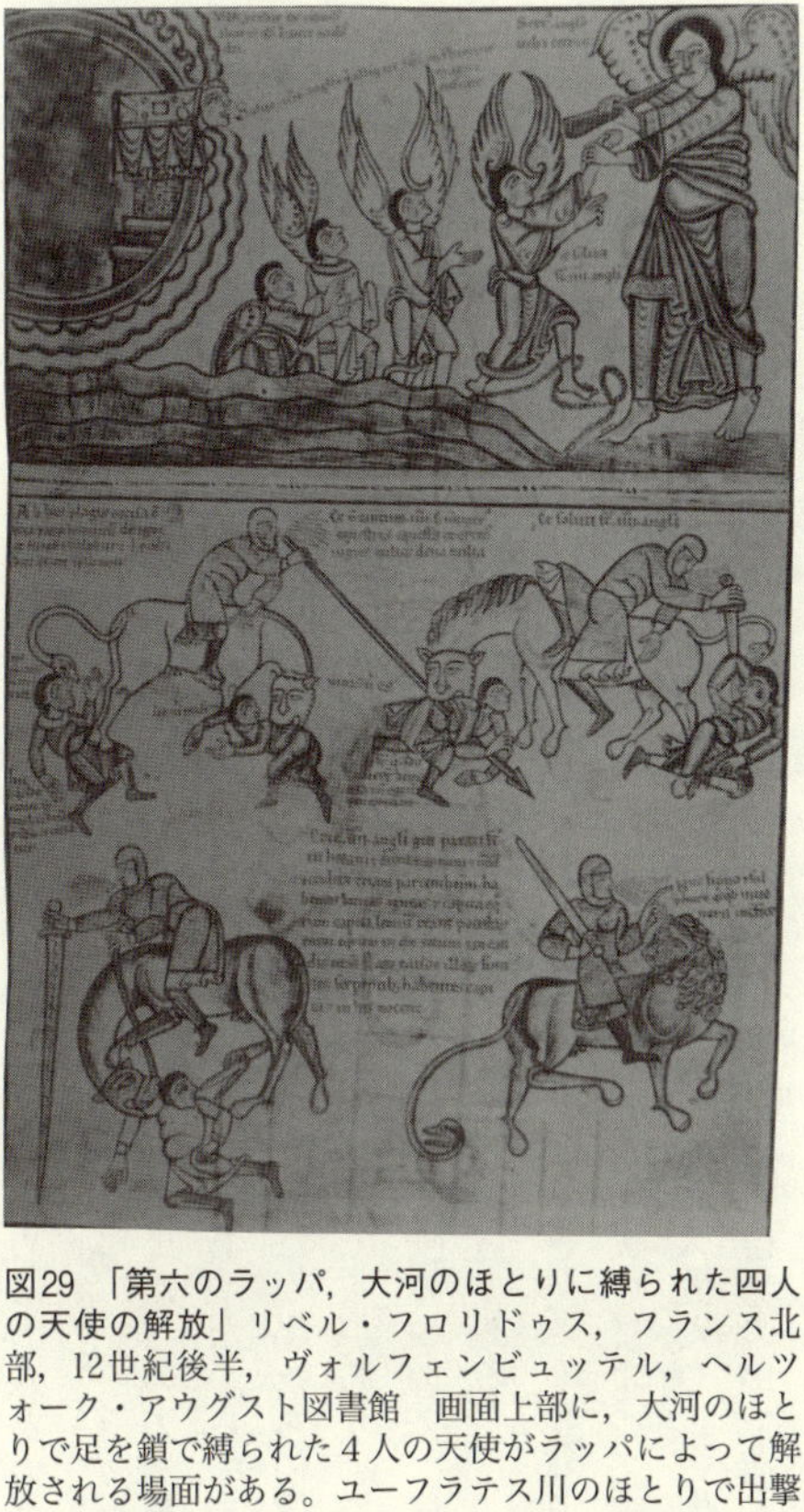

図29　「第六のラッパ，大河のほとりに縛られた四人の天使の解放」リベル・フロリドゥス，フランス北部，12世紀後半，ヴォルフェンビュッテル，ヘルツォーク・アウグスト図書館　画面上部に，大河のほとりで足を鎖で縛られた４人の天使がラッパによって解放される場面がある。ユーフラテス川のほとりで出撃の命令を待っている天使たちは，悪霊の軍勢を率いる災いの天使である。これはすでにユダヤの黙示文学にも見られる（エノク黙示録56：5-6）。

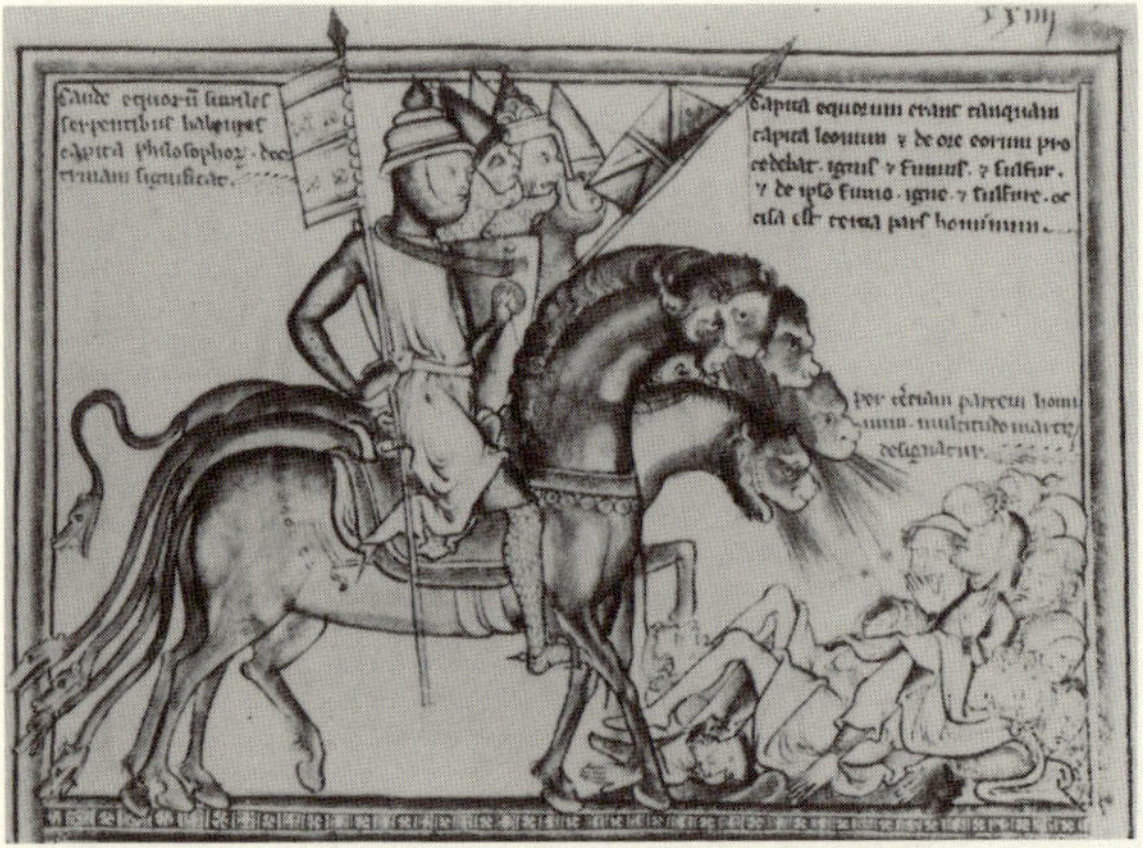

図30 「第六のラッパ，ライオンの頭をした馬が火と煙と硫黄を吐く」イギリスの黙示録写本，1250年頃，ニューヨーク，ピアポント・モーガン図書館　幻の騎手は胸当てを着け，馬たちの頭はライオンのようで，口からは火と硫黄を吐く。馬の尾には蛇に似た頭があり，咬みついて危害を加える。馬と騎手は悪霊的存在の特徴をなす，というのは硫黄は地獄から立ちのぼる（14：10，19：20，21：8）ものだからである。

のために、人という人の三分
の一が殺された。[19]なぜな
ら、馬たちの力はその口と尾
とにあったからである。とい
うのは、馬たちの尾は蛇に似
ていて頭があり、それらの頭
で〔咬みついて〕危害を加え
るからである。
[20]それでも、残りの、これ
らの災いによって殺されなか
った人間たちは、悔い改めて
彼ら自身の手で造ったものに
背を向け、異教の神々だと
か、金や銀や銅や石や木でで
きていて、見ることも聞くこ
とも歩くこともできない偶像

だとかを礼拝することを止めようとはしなかった。
21また彼らは、人殺しや魔法[8]や淫
行や盗みにも、悔い改め〔て背を向け〕ることをしなかった。

図31　「第六のラッパ，馬の蛇の尾が人々を襲う」『ベアートゥス注釈書』サン・スヴェール，11世紀中頃，パリ国立図書館　蛇に似た馬の尾が人々に咬みつく場面。殺された人間は画面の下に裸で放り出されている。

注

（1）次節から、この星は人格的存在とみなされているから、それが落ちたというのは、堕落した天使が考えられているのであろう。

（2）エジプトの第八の災害に対応する災害（出一〇12-15参照）。

（3）この限定された期間は、いなごの命が五ヵ月であることから想定されたものであろう。

（4）「長髪」は、おそらく、蛮族ないし悪霊の荒々しさの象徴と考えられているのであろう。

（5）アッシリア、バビロニアなど、パレスティナを侵略した諸王国のあったことからイメージされた地名であろう。

（6）「途方もない数」という意味。

（7）ユダヤ教伝承の中に出てくる地獄につきものの三要素。攻撃の恐ろしさを表している。

（8）「魔法」は「偶像礼拝」と並ぶ、神に対する背信行為であるが、ここでは、毒を盛ることのような、隣人に害をもたらす行為とみなされている。

10

幕間の出来事

1また私は、もう一人別の力強い天使が天から降って来るのを見た。その天使は雲
を身にまとい、その頭上には虹が〔かかっていた〕。そしてその顔はと言えば、太陽
のよう、その両足は燃える火の柱のようで、2一方の手には開かれた小さな巻物を持
っていた。天使は右足で海原を、左足で大地を踏まえて、(1)3あたかもライオンが吠え
るように大声で叫んだ。天使が叫んだ時、七つの雷がそれぞれ声を出して語った。4七
つの雷が語り終えた時、私は〔彼らの語ったことを〕書きとめようとした。すると、
天から声があって、「それらの七つの霊が語ったことは秘密にしておけ。それらを書
きとめてはならない」というのを私は聞いた。
5海と大地を〔足台に〕立っているのを私が見とどけた、かの天使は、右手を天に
差し伸べて、6天とその中にあるもの、陸地とその中にあるもの、また海とその中に
あるものを創造した、世々永遠に生きている者にかけてこう誓った、「もはや一刻の
猶予もない。7第七の天使がラッパを吹く準備を整えて、それを吹き響かせる日々に

図32　「小巻物を持つ天使」イギリスの黙示録写本，14世紀初，ロンドン国立図書館　天使は雲を身にまとい頭上には虹がかかり，顔は太陽，両足は燃える火柱のようである。一方の手には巻物を持ち，片足を海原に，片足を麦穂と木がある大地に置いている。雲の帯が直線と半円の幾何学的な構図をなす。この図像は巻物というより開いた本のようである。

図33　「力強い天使」ヨハネ祭壇画（部分），ハンス・メムリンク，1475−79年，ブルッヘ，メムリンク美術館　メムリンクはこの天使を記述通り正確に描いている。顔と足は火のように赤く，雲を身にまとい，頭上には虹がかかっている。

は、神がご自身の僕である預言者たちに〔喜ばしい知らせとして〕告げておられた通
りに、神の秘められた摂理が実現する」。
[8]そして、天から語りかけてくるのを私が聞いたあの声がふたたび私に語って、こ
う言った、「さあ、海と大地を〔足台に〕立っている天使の手にある、開かれた小巻
物を受け取りなさい」。[9]そこで、私はその天使のところに行って、その小巻物を私に

くれるようにと言った。すると天使は私に、「受け取って、それを食べてしまいなさ
い。[2] それはお前の腹には苦いが、お前の口には蜜のように甘い[3]」と言った。
10 そこで、私はその小巻物を天使の手から受け取って、それを食べてしまった。そ
れを口にしたときは、蜜のように甘かったが、それを食べるや、私の腹に苦みが走っ
た。11 すると、私にこういう声があった、「お前は、多くの国民、民族、国語〔の違う
民〕、また王たちについ
て、もう一度預言しなけれ
ばならない」。

図34　「小巻物を食べるヨハネ」カールシュタイン，1357年頃，マリーエン礼拝堂東側壁画　ヨハネが巻物を天使より受け取り食べる場面。この図像では天使の持つ巻物（書物）を，ヨハネが食べている。ヨハネは書物を手にとっておらず，天使に食べさせられているようである。

注

（1）「全世界」を意味する「海と大地」を踏みつける行為は、それを支配下に置くことを象徴する。

（2）巻物の内容を知るべき使命を受けたことを象徴する行為。

（3）終末史は、信徒にとって

救いの到来という意味でその内容は甘味を持っているが、他方で、それは不信仰者にとっては呪いとさばきであり、それを告げるべき使命を果たさなければならないヨハネにとっては、迫害による苦しみ、苦みを伴う。

11

二人の証人

1それから、私に杖のような物差しが与えられて、こう言う声があった、「さあ、
立って、神の神殿と祭壇の寸法を測り、そこで礼拝している者たち〔の数を数え
よ〕(1)。2しかし、神殿の外にある庭(2)は捨てておけ。その寸法を測ってはならない。そこは
〔異〕民族たちに与えられたからだ。彼らはこの聖なる都を四十〔と〕二ヵ月の間(3)踏
みにじる。
3私は私の二人の証人に、千二百六十日間、粗布を身にまとって預言することを許
そう」。4これら二人〔の証人〕とは、大地の主の御前に立っている二本のオリーブの
木〔であり〕そして二つの燭台〔である〕(4)。5もし、誰かが彼らに害を加えようとする
なら、彼らの口から火がほとばしり出て、彼らの敵どもを焼き尽くす。もし誰かが彼
らに害を加えようとするなら、その者は必ずやそのような仕方で殺される。6これら
〔二人〕の者たちは、自分たちが預言している間は雨が降らないように、天を閉ざす
権能を持っている。さらにまた、水をも支配して、水を血に変える権能と、彼らが望

むだけ何度でも、あらゆる災いをもって地を打ち懲らしめる権能とを持っている。
7 二人がその証言を終えるとき、一匹の獣が底なしの深淵*から上がって来て彼らと
戦い、二人に打ち勝って、彼らを殺す。8 そして、彼らの死体は大きな都の大通りに

図35 「神殿と祭壇の寸法を測る」ネーデルラントの黙示録写本，1400年頃，パリ国立図書館　ヨハネは杖のような物差しを与えられ，神の神殿と祭壇の寸法を測る。後に崩壊する異民族（反キリスト者）に与えられた庭はそのままにされる。画面ではターバンを巻いた老人が魔物たちに追われ，彼の手下は金貨を盗んでいる。周りの建物は地震で倒壊している。

図36 「二本のオリーブと二人の証人」『ベアートゥス注釈書』スペイン北部，10世紀末，ブルゴ・デ・オスマ聖堂美術館　２本のオリーブの木を挟んで２人の証人が立っている。口からは彼らの敵を倒すための火（11：5）が出ている。かつてエリヤがそのようにして敵から身を守った。

図37 「二人の証人の死」『ベアートゥス注釈書』10世紀末，エスコリアル，モナステリオ王立図書館　地上に住む者を悩ませた２人の証人は殺され，死体は都の大通りに放置される。２人についてはさまざまな解釈があるが，エリヤとモーセ，あるいはペトロとパウロなど諸説がある。

放置され〔晒しものにされ〕る。その都は、比喩的に[5]ソドム*とかエジプト[6]とか呼ばれており、彼ら〔二人〕の主もそこで十字架につけられたのであった。9もろもろの国民や部族や国語〔の違う民〕や民族〔出身の人々〕は三日半の間彼らの死体を眺め、

図38 「雲に包まれて天に昇る二人の証人」『ベアートゥス注釈書』サン・ミゲル・デ・エスカラーダ，10世紀中頃，ニューヨーク，ピアポント・モーガン図書館　殺された証人たちは3日半すると甦り，雲に包まれて天に昇る。彼らの敵もこれを眺めた。そのときに地震が起き，建物は倒壊する。生き残ったものは恐れおののき神を崇拝する。これらの場面が縦4層にわかれ描かれている。

彼らの死体が墓に埋葬されることを許さない。10地上に住む者たちは彼らが〔殺され
た〕ことを喜び、浮かれ騒いで、贈り物を贈り合う。これら二人の預言者たちは、地
上に住む者たちをひどく悩ませたからである。
11しかし三日半たって、命〔を与える〕霊が神から〔送られて、〕彼ら〔二人〕の
中に入り込み、彼らは自分たちの足で〔すっくと〕立ち上がった。(7)そこで、彼らを見
ていた者たちは大きな恐怖に襲われた。12二人は、天から大声がして、自分たちに向
かって、「ここにのぼって来い」と言うのを聞いた。それで、二人は雲に包まれて天
にのぼった。彼らの敵たちもそれを凝視した。13ちょうどその時に、大地震が起こっ
て、(8)その都の十分の一が倒壊した。そしてその地震で、七千人の人々が死んだ。〔生
き〕残った者たちは恐怖におののいて、天上の神の栄光を認めた。

第七のラッパ

14第二の禍いは去った。だが、第三の禍いがすぐにも来るのだ。
15第七の天使がラッパを吹いた。すると、天上でさまざまな大声が上がって、こう
言った、
「この世の統治権は今やわれらの主と彼のキリストに移れり。(9)彼は世々永遠に王

図39 「七つのラッパ，天上で声がする」『ベアートゥス注釈書』スペイン北部，12/13世紀，パリ国立図書館　半円形のマンドルラの中に神の右手が現れる。これは神の顕現を表す。天使は高らかにラッパを吹き，聖徒たちは神を恐れ礼拝する。

として支配したもう」。
[16]これを聞いて、神の前で各々の
王座に座っていた二十四人の長老た
ちが額ずいてひれ伏し、神を礼拝し
て、[17]こう言った、
「全能者にして神なる主よ、現
在《いま》在し、かつても在した方よ。
私どもはあなたに感謝を捧げま
つる。
なぜならば、あなたは大いなる
力を振るい、統治し始められた
から。
[18]諸民族は怒り狂いました。し
かし、あなたの怒りも来たりま
した[(10)]、
死人たちのさばかれる時が来た

りました。
あなたの僕なる預言者たち、
また聖徒たちやあなたの御名を畏れる者たち[11]には、
卑小な者たちにも偉大な者たちにも共に、
報酬を与え、
そして、地〔の世界〕を朽ちさせる者たちを朽ちさせる、
〔その時が来たのです〕」。
19天上にある神の神殿の扉が開かれ、神殿の中に据えられた、彼の契約の箱*が見え
た。また、稲妻や〔雷の〕轟きや落雷や地震が起こり、大粒の雹が〔降った〕。

注

（1）「神殿とそこで礼拝する者たちを測る（＝数える）」ということは、神による特別の保護が与えられることの象徴行為。神の神殿とは、たぶんキリスト教会のこと。

（2）ヘロデによって再建されたエルサレム神殿にある四つの庭のうちの、異邦人にも足を踏み入れることが許されていた「異邦人の庭」と呼ばれた神殿境内。

（3）ダニ七25、一二7の預言を暗示して、反キリストの支配下にある期間。黙示文学においてあらゆる迫害を代表する典型的な数となり、またその一時性をも示すことになった。

（4）二人の証人は、政治的指導者ゼルバベルと大祭司ヨシュアか（ゼカ三1‐四14）、あるいは彼らの活動との類似に従って、エリヤとモーセのことか、あるいは使徒たちの代表者たるペトロとパウロのことか、など諸説がある。

（5）文字通りには「霊的に」。物事の本質を見抜くことができる霊的な力によって、その都の正体を言い当てる仕方によれば、の意味。

（6）一般的にはソドムはゴモラと対表現で出てくるが、ここでは神の民イスラエルを虐待したものとしてのエジプトが選ばれている。

（7）「立ち上がった」とは復活したことを意味する。11‐12節については、エゼ三七1‐10（復活）と王下二11（昇天）とを参照。

（8）地震（その他の異変現象）は神顕現や神の臨在に伴う現象。

（9）主語が単数形であるのは、多分、神とキリストが一体と考えられたか、あるいは関心が神に集中したため。

（10）諸民族の怒りに対応する神の怒りとしての最後の審判。それゆえ、それは死人たちの審判の時でもある。

（11）補注「神の僕」参照。「神を畏れる」とは、超越的な存在に触れて恐怖心を抱くことではなく、神を神と認めて畏敬すること。それゆえ、「畏れ」は人間の側に従順や服従を結果として伴う。

12

女と子供と竜の幻

1また、天に大きな徴(1)が現れた。それは、太陽を〔衣として〕身にまとった女で、
月を足の踏み台とし、その頭には十二の星の冠を戴いていた。(2) 2女はその胎《はら》に子を宿
しており、子を産もうとして、陣痛と苦しみで叫んでいる。3また、もう一つ別の徴
が天に現れた。それはほら、(3)赤い巨大な竜で、七つの頭と十本の角を持ち、その頭に
は七つの王冠を被っている。(4) 4竜の尻尾は天のもろもろの星の三分の一を掃き寄せ
て、それらを地上に投げ落とした。それから竜は、今まさに子を産み落とそうとして
いる女の前に立った。それは、女が子を産み落とすや否や、その子を呑み込んでしま
うためであった。5女は男の子を産んだ。その子は、鉄の杖でもって、すべての民族
を支配することになっている。それで、彼女の子供は〔天使たちに〕引っさらわれ
て、神のところに、彼の玉座にまで、運ばれた。6女の方は荒野《あらの》*の中に逃げ込んだ。
そこには、千二百六十日の間(5)人々がこの女を養うために、神によって準備されていた
隠れ場があったのである。

7それから、天上で戦いが起こった。ミカエル*と彼の天使たちとが竜と戦うためで
あった。竜とその使いたちも戦った。8しかし、竜は勝つことができず、彼らの居場
所も、もはや天上には見いだせなかった。9この巨大な竜は投げ落とされた。この太
古の蛇、(6)悪魔とかサタンとか呼ばれる者*、全世界を惑わす者、この者が地上に投げ落

図40 「女と子供と竜の幻」『快楽の園』（ホルトゥス・デリキアルム）に基づく17世紀の模写 太陽を衣とし，月を踏み台にした女は12の星の冠を被り，巨大な鷲の翼を与えられる。左上には天使が子供を神の玉座まで連れて行く場面，右下には水を吐く竜がいる。またこの女性は中世では聖母マリヤと同一視される。

図41　「女と子供と竜の幻」ヨハネ祭壇画（部分），ハンス・メムリンク，1475–79年，ブルッヘ，メムリンク美術館　竜は赤い色で7つの頭と10本の角をもち，頭には7つの王冠を被っている。メムリンクはこの場面に十分幻想的な要素を与えている。

とされ、また彼の天使たちも、彼も
ろとも投げ落とされた。
10それから、私は大きな声が天上
でこう高らかに語るのを聞いた。
「今や、われらの神の救いと力
と〔王たる〕支配と、彼のキリ
ストの権威〔による統治〕が始
まった。
なぜなら、われらの兄弟たちの*
告発者、
昼も夜も、彼らをわれらの神の
前で告発する者が、
〔地上に〕投げ落とされたから
である。
11この兄弟たちは、小羊の血(7)と自
分たちの証言の言葉とによって、

図42 「荒野に隠れる女を追う竜」ネーデルラントの黙示録写本，1400年頃，パリ国立図書館　子供を天使に渡す，天使から鷲の翼をもらう，荒野に逃げ込む，「ミカエルと竜の天上での戦い」の各場面が同一画面に描かれている。竜はメムリンクのものとよく似ている。

かの者に打ち勝った。
彼らは、死に至るまで、自分たちのいのちを惜しまなかった。
12それゆえ、もろもろの天と、そこに住む者たちとは、喜べ。

しかし、地と海とは禍いだ。
なぜなら、悪魔は自分にはもはやわずかな時しか残されていないのを知って、
大きな憤激に燃えたぎりつつ、

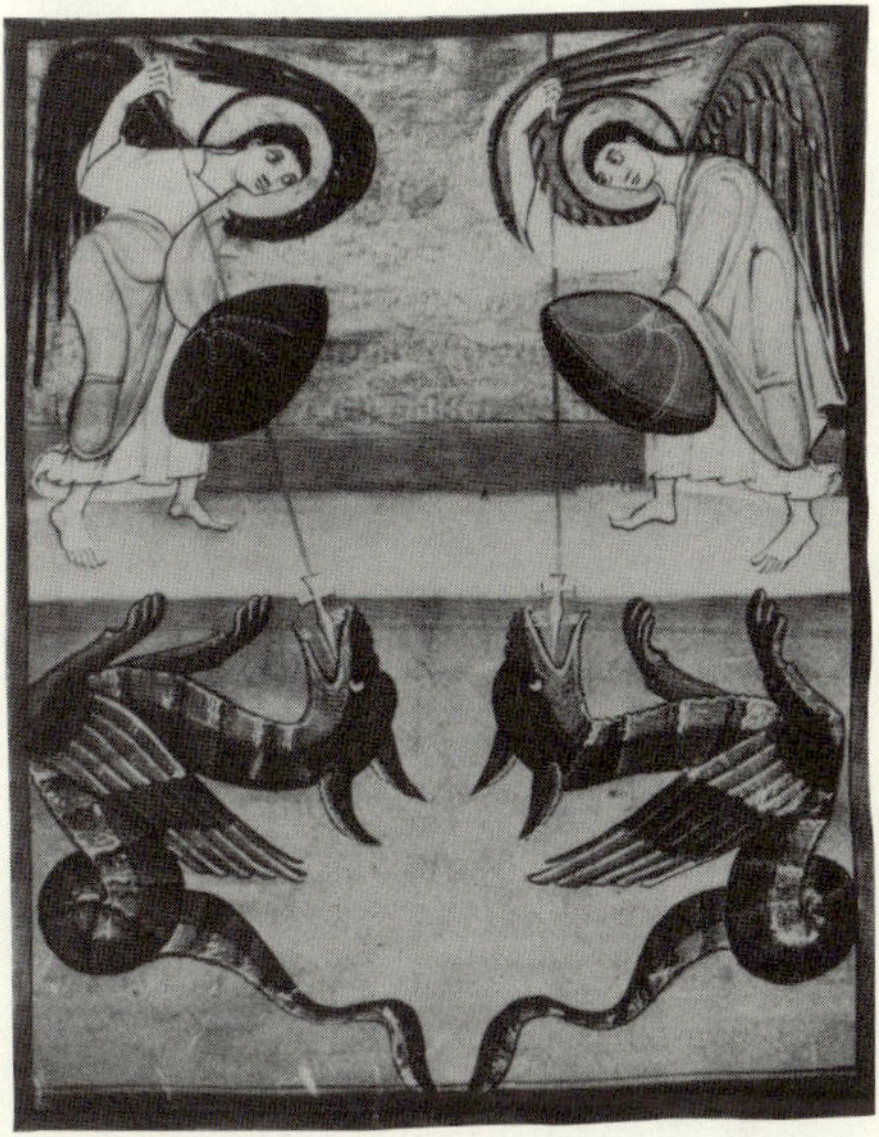

図43 「ミカエルと竜の天上での戦い」バンベルクの黙示録，11世紀初，ライヒェナウ，バンベルク市立図書館　天使ミカエルは，黙示的伝統を通してよく知られている。彼はイスラエルの守護天使である。このテーマは黙示録連作から独立し，独自な展開をとげる。

図44 「ミカエルと竜の天上での戦い」『ベリー公のいとも華麗なる時禱書』ランブール兄弟，1409-15年，コンデ美術館　山の上で戦う大天使ミカエル。もはや黙示録の内容を伝えることは二次的なものとなり，風景描写に重点がおかれている。

お前たちのところに降ったからである」。

13竜は、自分が地上に投げ落とされたことを知った時、かの男の子を産んだ女を追跡した。14しかし、女には一対の巨大な鷲の翼(8)が与えられた。荒野にある彼女の隠れ場に飛んで行くためである。そこで、女は一年と二年と半年、蛇の目から隠されて養われることになっている。15〔逃げる〕女の後ろから、蛇は川のように水をその口から

吐き出した。女を奔流で押し流そうとしたのである。16すると、大地が女を助けよう
とその口を開き、竜がその口から吐き出した川を飲み干した。17そこで、竜は女に激
怒して、彼女の子孫(9)の残りの者たち、すなわち、神の誡《いまし》めを守り、イエス〔につい
て〕の証言を堅持している者たちと戦うために出て行った。
18そして、竜は海辺の砂浜に立った(10)。

注

（1）「徴」は、新約聖書ではしばしば「奇蹟」を意味する語でもあるが、ここでは「幻」の意味で用いられている。

（2）この「女」が何を意味しているかは、キリストの母「マリヤ」、「イスラエル」、旧新両契約の民＝神の民、教会などの諸説がある。それに従って、「十二の星」は、イスラエルの十二部族、あるいは教会の礎たる十二使徒の象徴。ここで記されるメシア誕生のための「産みの苦しみ」はメシアとしてのイエスの出現、すなわち復活に先立つ受難と十字架の苦しみ（使一三33-34参照）。

（3）「赤色」は竜の性格を象徴しており（六4の注3参照）、「憤怒」、「残虐」、「殺人」、あるいは「罪」の示唆が考えられる。

（4）竜の背景としては、カナンの神話に由来するレビアタン（詩七四14、一〇四26、イザ二七1）と、ダニ七7の第四の獣とが考えられる。

（5）すなわち、「聖なる都」が異邦人に蹂躙される期間（一一2参照）、それと同時に、二人の証人が預言することを神によって許された期間（一一3）。

(6)「太古」というのは、エデンの園でエバを誘惑した蛇のことを想定しているからであろう。

(7)救済の業としての、キリストの十字架上の死が意味されている。

(8)神がイスラエルを鷲の翼に乗せて、エジプトから救い出したとする、出一九4、申三二11を参照。

(9)「彼女の子孫」という表現については、創三15参照。ここで意味されているのは、現在迫害下で苦難するキリスト信徒のこと。

(10)すなわち海と陸の境界。「海」はしばしば、神に敵対的なカオス的諸力や、脅威的な怪獣の支配する領域である。

13

二匹の獣の登場

1また私は、一匹の獣が海から〔陸地へと〕上がって来るのを見た。(1) その獣は十本
の角と七つの頭を持っており、その角の上には十の王冠を戴き、またその各々の頭に
は神を冒瀆する［さまざまな］名前が記されていた。(2) 2私が見た獣は、姿は豹に似て
いたが、その足は熊の足のようで、その口はライオンの口のようであった。かの竜は
この獣に、自分の持っていた力と自分が占めていた王位と大いなる権威とを与えた。
3獣の頭の一つは傷を受けて死にかけているように見えたが、その致命的な傷が治っ
てしまった。(3)
それで、全地は驚愕して獣の後に〔従った〕。4このような権威を獣に与えたのは竜
であったから、人々は竜を礼拝した。(4) また、「誰がこの獣に匹敵しようか。誰がこの
獣に戦いを挑むことができようか」と言いつつ、この獣をも礼拝した。
5それから、その獣に大言壮語と冒瀆の言葉を語ることが許された。また、四十
［と］二ヵ月の間、(5)〔自分の思い通りに活動する〕権威が与えられた。6獣は、神に対

図45 「第一の獣の礼拝」アレキサンダー注釈書，13世紀後半，ケンブリッジ大学図書館　10本の角と7つの頭をもった獣が海から上がって来る。獣の頭の一つは傷をうけて死にかけているようにみえたが，その致命的な傷が治ってしまう。人々はこの獣を礼拝した。獣の角には冠があり，それに神を冒瀆する言葉が書かれている。

図46 「第一の獣の礼拝」イギリスの黙示録写本，1245–55年頃，パリ国立図書館　礼拝は，神と小羊ではなく獣と竜に献げられる。獣の前にすべての者がひざまずき，誰も抵抗できない。

するさまざまな冒瀆の言葉を吐くためにその口を開いた。神の名前とその幕屋とを、
つまり天に住む者たちを冒瀆するためである。7この獣は、聖徒たちと戦い、彼らを
打ち負かすことも許され、また、あらゆる部族や国民や国語〔の違う民〕や民族を支
配する権威が与えられた。8地上に住む者たち、すなわち、世界が創造された時か
ら、屠られた小羊の命の書の中に名前の書き込まれていない者たちは皆、この獣を礼
拝するようになる。9もし誰でも、〔聞く〕耳があるなら、聞くように。

10誰でも、牢獄に〔繋がれる運命にある〕なら、
　牢獄に行く。
誰でも、剣でもって殺される〔運命にある〕なら、
　彼は剣でもって殺される。[6]

ここに、聖徒たちが忍耐し信仰[7]〔すべき必要〕がある。
11また私は、もう一匹別の獣が地中から上がって来るのを見た。その獣は、小羊
〔の角〕に似た二本の角を持ち、その語り様は竜が吠えるようであった。12この〔第二
の〕獣は、第一の獣の面前で、かの獣が持っていたすべての権威を振るい、地と地上
に住む者たちとが、致命的な傷の治った、かの第一の獣を礼拝するように仕向ける。
13この獣は数々の大いなる徴を行ない、人々の〔見ている〕前で、火を天から地上に

図47 「第二の獣の礼拝」アレキサンダー注釈書，13世紀後半，ケンブリッジ大学図書館 第二の獣は小羊のような２本の角を持ち，かの第一の獣を礼拝するように仕向ける。この獣は多くの徴を行ない人々を惑わせる。偽預言者の象徴で皇帝礼拝を広める宣伝者を表していると考えられる。

降ろしさえする。14 こうして、
この獣は、かの獣の眼前で行な
うことを許された数々の徴の故
に、地上に住む者たちを惑わ
し、また、剣による傷を受けな
がらそれでも生き返った、かの
獣のために、その像を作るよう
にと地上に住む者たちを説く。
15 そして、第二の獣は、かの
獣の像に霊を吹き込むこと[8]を許
された。それは、かの獣の像が
ものを言うことさえできるため
であり、また、かの獣の像を礼
拝しない者があれば、すべて殺
させる「ためであった」。16 そし
て、卑小な者にも偉大な者に

も、金持ちにも貧乏人にも、自由人にも奴隷にも、誰にも皆、その右手か額に刻印を受けさせる。[17]それは、刻印〔のある者〕、つまり、かの獣の名前か、あるいは彼の名前〔を記す文字〕が表す数字のある者のほかは、誰も買ったり売ったりすることがで

図48「第二の獣の礼拝」ネーデルラントの黙示録写本，1400年頃，パリ国立図書館　画面下では，第二の獣が修道士の服を着て，偽りの刻印を王や司祭に施している。その横では祭壇の中の獣を礼拝するように人々を強要している。しかし十字架の旗をもつキリスト者だけは惑わされない。

きないようにするためである。[9]

18ここに、知恵〔を働かせるべき必要〕がある。理性のある者は、かの獣の数字を数え〔て、それにどんな意味があるのかを考え〕なさい。なぜなら、それはある人間の〔名前を表す〕数字だからである。その数字は、六百六十六である。[10]

注

（1）海から上がって来た獣は、ダニ七章の四つの獣の力を合わせ持っており、ローマ帝国、またその代表としての皇帝ネロを暗示。十本の角は一七12との関連でパルティアの十人の王を、七つの頭はローマの象徴である七つの丘、ないしは七人のローマ皇帝をイメージしたもの。

（2）皇帝たちが自らを神とする称号を用いたことを意味している。この怪獣の形姿は、一二3の竜のそれと類似する。

（3）この獣の描写は、反キリストのイメージを強調するために、五章の小羊と対応させられているようである。ここで、七つの頭が皇帝の象徴であるとして、致命的な傷を負ったが癒されたとされるその一つが具体的に誰を意味しているのか、については諸説がある。中でも、六八年に自殺した「皇帝ネロの再来」が顧慮されているとする説が最も蓋然性が高い。この伝説は、当時特に東方で根強く抱かれていて、ネロは復讐のために、彼と友好関係を結んでいたパルティアの軍団を率いて、東方からローマに攻め寄せる、とする。

（4）「竜の礼拝」はローマ皇帝礼拝を示唆している。14節で、獣の像が造られると記されることを参照。

（5）「四十二ヵ月の間」については一一2を参照。神が異邦人によるエルサレム蹂躙の歳月として定めた期間。

(6) 両文はエレ一五2の預言と同様に、信徒たちの運命を預言して、一四9-12のように、信徒たちに対して、彼らを迫害する者たちが必ずや神のさばきを受けることを信じ、忍耐すべきことを呼び掛けている。それは、六9-10に記された、神の復讐を求める信徒たちの祈りへの返答でもある。

(7) 一六13の偽預言者である。

(8) 一一11に照らして、「生かすこと」を意味している。

(9) 刻印のない人々の生存を脅かす措置が取られたことを意味する。

(10) ヘブライ文字もギリシア文字も、それぞれ一文字が一定の数値を持っているから、名前はそれを表記する個々の文字の数値の合計値から推測できる。ここではおそらく、ヘブライ文字で記された「皇帝ネロ（QSRNRWN）」が暗示されている。

14

シオン山上の小羊とその信従者たち

[1]また私は見た、すると小羊がシオンの山*の上に立っていたではないか。小羊と共
に、十四万四千人の人々も(1)〔立っていたが〕、その人々の額には小羊の名前と小羊の
父の名前とが書かれていた。[2]また、私は大水の轟きのような、また激しい雷鳴のよ
うな声が天から響いて来るのを聞いた。私が聞いたその声は、竪琴を奏でる人たちが
自分たちの琴を〔かき鳴らしつつ〕歌う歌声にも似ていた。[3]彼らは玉座の前で、ま
た四匹の生き物と長老たちとの前で、新しい歌〔のようなもの〕を歌っている。その
歌は、地〔上の世界〕から贖《あがな》い出された十四万四千人の人々のほかは、誰一人として
歌う(2)ことができなかった。
[4]これらの者たちは、女と〔交わって〕身を穢した(3)ことのない人々である。彼ら
は童貞を保っていた(4)からである。これらの人々は、小羊がどこへ行こうと、小羊
に付き従って行く従者たちである。これらの人々は、神と小羊とに献げられる初
物として、人間の中から贖い出された者たちである。[5]彼らは、かつてその口に

図49　「シオン山上の小羊と信従者」『ベアートゥス注釈書』サン・ミゲル・デ・エスカラーダ，10世紀中頃，ニューヨーク，ピアポント・モーガン図書館　小羊がシオン山上に立ち，人々は琴を奏で４匹の生き物と長老のために新しい歌を歌う。その歌は贖い出された14万4000人の人々以外は誰一人として歌うことができない。画面では，シオン山はアーチの組み合わせで表されている。人々はギターのようなものを弾いている。上部では４匹の生き物も歌を歌っているようである。

嘘[5]が〔のぼるのを〕聞かれたことはなかった。[6] 彼らは非の打ちどころのない者た
ちである。

審判の時を告げる三人の天使

6 私はまた、もう一人の天使が空高く飛ぶのを見た。その天使は、地上に座ってい
る人々に、すなわち、あらゆる民族と部族と国語〔の違う民〕と国民とに告げ知らせ
るために、永遠の福音を携えていた。
7 彼は大声で言った、
「神を畏れよ、神の栄光を称えよ。
神のさばきの時が来たからだ。
天と地と海と源泉とを造られた方を礼拝せよ」。
8 別の、第二の天使が続いて、言った、
「倒れた、倒れた、かの大バビロン*が。
自分の、〔淫らな〕激情を呼び起こす淫行の葡萄酒を、
あらゆる民族に飲ませた、かの都が〔倒れた〕」。
9 もう一人別の、第三の天使が先の二人に続いて、大声で言った、
「誰でも、獣と獣の像とを礼拝し、

その額か手に〔この獣の〕刻印を受けているならば、
10その者は、
神の怒りの杯(7)に〔水を〕混ぜ〔て薄められ〕ないままに注がれた、
神の憤激の葡萄酒を飲むことになり、

図50　「審判の時を告げる三人の天使」『ベアートゥス注釈書』サント・ドミンゴ・デ・シロス，1100年頃，ロンドン国立図書館　第一の天使は永遠の福音を携え空高く飛ぶ。第二の天使はバビロンの倒壊を叫び，第三の天使は，礼拝する獣から刻印を受けた者の苦難を予告した。画面上部には３人の天使，下部には倒壊したバビロンと死人が描かれている。

また聖なる天使たちと小羊と〔が見守る〕前で、
硫黄の燃え盛る炎（8）に苦しめられることになる。
11彼らを苦しめる煙は世々永遠に立ちのぼり、
獣と獣の像とを礼拝する者たち、
それに誰でも、その名前の刻印を受けているなら、
その者たちは、昼も夜も、安らぎを持つことはない。
12ここに、聖徒たち、すなわち、神の誡《いまし》めを守り、イエスに対する信仰を持ち続
ける者たち〔が、現在の患難を〕忍耐〔すべき必要〕がある」。
13また私は、天から声がして、〔こう〕言うのを聞いた、
「書け、『今から後、キリスト者として死ぬ死人たちは幸い（9）である』と」。
霊も言う、
「その通りだ。彼らは、労苦（10）から解き放たれて安らぎを得るように。彼らの行な
ったことが〔神の審判の場まで〕彼らに付き従うのだから」。

二種類の収穫

14また私は見た（11）、すると白い雲が〔あり〕、その雲の上に、人の子のような者が座

っていたではないか。その者は頭に金の冠を戴き、手には鋭い鎌[12]を持っていた。15そ
して別の一人の天使が神殿から出て来て、雲の上に座っている者に大声で叫んだ、
「あなたの鎌を入れ、刈り入れて下さい。地上の穀物は実りきって、刈り入れる
べき時が来ましたから」。
16そこで、雲の上に座っていた者は、自分が〔持っている〕鎌を地上に投げ入れ、
地〔上の収穫物〕は刈り入れられた。
17また、もう一人別の天使が、天にある神殿から出て来た。その天使も、鋭い鎌を
持っていた。18さらにもう一人、火〔を自由に扱う〕権能を持っている[13]天使が祭壇か
ら〔出て来た。この〕天使が大声で、先の、鋭い鎌を持っている天使に向かって叫ん
だ、「あなたの鋭い鎌を入れ、地上の葡萄の房を刈り集めよ。葡萄の実は十分に熟し
ているから」。19そこで、その天使は彼の鎌を地上に投げ入れ、地上の葡萄を刈り集
め、神の憤激の巨大な酒ぶね*の中に投げ込んだ。20その酒ぶねは都の外で踏まれた。
すると、酒ぶねからは血[14]が、馬どものくつわに達する〔深さに〕まで、千六百スタデ
イオン[15]にわたって、流れ出た。

図51　「二種類の収穫」ネーデルラントの黙示録写本，1400年頃，パリ国立図書館　雲の上に人の子が座り，金の冠を被り，手には鋭い鎌を持っていた。画面中央右にいる天使は穀物を刈り入れ，葡萄を摘んでいる。酒ぶねから流れる血が川を赤く染め，馬のくつわに達する深さとなる。獣を礼拝する者の背後にあるバビロンは崩壊し，小羊より神の憤激の葡萄酒がその上に注がれる。

図52 「葡萄を刈る天使」イギリスの黙示録写本, 1245-55年頃, パリ国立図書館　天使たちが葡萄を収穫し, それを酒ぶねに入れる。酒ぶねの中には猿のような魔物がほうり込まれている。

注

(1) 七4以下で、刻印を押された者たちと同じ数。神とキリストとに忠実な信仰者たちの総体を指す象徴的表現。

(2) 新しい歌は救済の賛歌であるから、この歌を歌えることは、救済された者であることを意味する。

(3) 「[身を]穢す」の動詞が、性交渉一般を指す例はなく、ここでも、それは性的不道徳を意味しているか、あるいは旧約聖書の伝統に従って、霊的姦淫と解釈された「偶像崇拝」を意味している、と理解すべきである。

(4) 救われた者たち全体が「童貞」であるとの表現は、救済される者は男に限られると考えるのでなければ、先の「女と交わって身を穢したことのない」と共に、「純粋な信仰生活を送った」という比喩的表現として理解するほかない。

(5) 単に人を欺く「嘘」ではなくて、神を冒瀆する行為としての虚偽、不誠実。
(6) イザ五三9。
(7) イザ五一17、エレ二五15を参照。よろめき、倒れさせるという酒の効用は神罰のイメージと重なり、神が罰として葡萄酒を人に飲ませるという表象が旧約聖書、特に預言者の象徴的イメージに、しばしば見られる。
(8) 瞬間的にであれ永続的にであれ、火によって焼かれるというのは、旧約聖書以来の伝統的な神罰の表現。
(9) 「死ぬ死人」とは奇妙な表現に聞こえるが、人は地上の生を離れても、すぐに最終的な運命が決定されるのではなく、最後の審判までの間待たなければならない。この状態にある者たちが死人と呼ばれる。
(10) 「信徒としての労苦」、それゆえ、迫害の只中で信仰を貫いたために受けた肉体的、また精神的な苦労の全体。
(11) 以下は、伝統的表象を借用して、神の最後の審判を穀物や葡萄の刈り入れのイメージで描写する(ヨエ四13参照)。
(12) 鎌は終末審判の象徴としての収穫のための道具。
(13) 「火」は神罰や審判と密接に結びついた象徴。
(14) 酒ぶねから出る赤い葡萄汁が血を連想させ、敵対者たちの死を暗示する。
(15) 約三〇〇キロメートル。おそらく、「四の数」を四百倍して作られた、全世界を表す象徴的数字。

15

モーセと小羊の歌

1また私は、天にもう一つの大きな、そして驚くべき徴を見た。それは、最後の七
つの災いを携えている、七人の天使であった。なぜなら、これらの災いでもって、神
の憤激が〔その頂点に達して〕終えられるからである。
2また私は、火の混じったガラスの海(1)のようなものを見た。このガラスの海のほと
りには、かの獣と獣の像と獣の名前〔を作り上げる〕数〔との戦い〕に勝利した者た
ちが、神の竪琴を抱えて立っていた。3これらの者たちは神の僕*であるモーセの歌(2)と
小羊の歌を歌っている。〔彼らは〕こう歌って〔いるのである〕、
「全能者にして神なる主よ、(3)
あなたの御業は、偉大にして驚くべきもの。(4)
諸民族の王よ、(5)
あなたの道*は〔いずれも〕義《ただ》しく、また真実な道。(6)
4主よ、

誰があなたを畏れず、(7)
あなたの御名を讃め称えないでおりましょうか。(8)
なぜなら、あなたお一人だけが聖〔なる方〕であり、
すべての民族がやって来て、

図53　「最後の災いをもたらす７人の天使」ネーデルラントの黙示録写本，1400年頃，パリ国立図書館　４匹の生き物のうちの１匹（画面ではライオン）が，神の憤激であふれた平鉢（画面では壺）を天使たちに与える。その上の画面では獣たちに勝利した者たちが竪琴を鳴らし，火の混ざったガラスの海の中に立っている。

あなたの御前にひれ伏し礼拝しますから。(9)
あなたの正しい裁きが明らかにされたからです」。

七人の天使と最後の災い

5その後、私が見ていると、天にある証しの幕屋の神殿*〔の扉〕が打ち開かれた。
6そしてその神殿から、七つの災いを携えて［いる］七人の天使たちが、清い、光り
輝く亜麻布を身にまとい、胸には金の帯を締め〔た姿で〕、出て来た。7四匹の生き物
のうちの一匹が、世々永遠に生きる神の憤激で溢れんばかりの七つの金の平鉢を、こ
れらの七人の天使たちに与えた。8すると、神殿は神の栄光と神の力とから〔立ちの
ぼる〕煙で一杯になり、(10)七人の天使たちの〔携えた〕七つの災いが終えられてしまう
までは、誰一人として、神殿に入ることができなかった。

注

（1）「ガラスの海」は蒼穹であり、「火の混じった」とあるのは、そこにちりばめられた星や稲妻がイメージされたものか、あるいは神の憤りの象徴である。あるいは、次に「モーセの歌」とあるから、エジプト脱出時の紅海を連想させ、小羊による新しいエルサレムへの渡海が暗示されている可能性もある。

（2）出一五1-18参照。イスラエルのエジプト脱出に際して、これを追跡するエジプト軍を神が滅ぼした

紅海の奇蹟の直後に、神が下したこのさばきを称えて、救済されたイスラエルが歌った歌。

(3) アモ三13。

(4) 詩一一一2、一三九14の混交引用。

(5) エレ一〇7。

(6) 申三二4、詩一四五17の混交引用。

(7) エレ一〇7。

(8) 詩八六9。

(9) イザ二2、エレ一六19の混交引用。

(10) 神顕現の徴の一つ。聖なる存在である神そのものは、世俗世界から覆い隠されねばならないと考えられたため。

16

七つの平鉢

1また私は、神殿から大きな声がして、七人の天使たちに向かって、「行け、そし
て七つの、神の憤激の平鉢〔の中身〕を地上に注げ」と言うのを聞いた。2そこで、
最初の〔天使〕が出て行って、自分の〔持っている〕平鉢〔の中身〕を地上に注い
だ。すると、獣の刻印を持つ人間たちと獣の像を礼拝する人間たちとに、ひどい悪性
のできものができた(1)。
3また、第二の〔天使〕が自分の〔持っている〕平鉢〔の中身〕を海に注いだ。す
ると、〔海の水は〕死人の〔血の〕ような血になり、海中に住む、あらゆる生き物が
死んだ。
4第三の〔天使〕が自分の〔持っている〕平鉢〔の中身〕をもろもろの川ともろも
ろの源泉とに注いだ。すると、〔水は〕血となった(2)。5私は、水の天使がこう言うのを
聞いた、
「現在在《いま》し、かつても在した方、聖なる方、あなたがこのようなさばきを下され

たことは、義《ただ》しいことです。
6これらの者どもは聖徒たちや預言者たちの血を流しましたが、その者ども
に、［今］血を飲ませられたのですから。

図54 「神の憤激が地上に注がれる」ネーデルラントの黙示録写本，1400年頃，パリ国立図書館　7人の天使たちが一斉に憤激の平鉢（壺）の中身を地上に注ぐ。すると獣を礼拝する者たちに悪性のできものができ，海の水は血に染まり，太陽は人を焼き，大地震が起こり，建物は崩壊する。中央にいる偽預言者の口からは，蛙のような穢れた霊がでている。

彼らは〔そのようなさばきを受けるに〕ふさわしい者どもです」。
7私はまた、祭壇がこう言うのを聞いた、
「その通りです、全能者にして神なる主よ、
あなたのさばきは真実にして正しい〔さばき〕です」。
8第四の〔天使〕が自分の〔持っている〕平鉢〔の中身〕を太陽に注いだ。する
と、太陽は人間たちを火でもって焼くことを許された。9それで、人間たちは激しい
灼熱で焼かれて、悔い改めて神の栄光を称えるどころか、〔その苦しさの故に、〕これ
らの災害を左右する権能を持っている神の御名を冒瀆した。
10第五の〔天使〕が自分の〔持っている〕平鉢〔の中身〕を獣の王座(3)の上に注い
だ。すると、獣の王国は闇に閉ざされ、人々は苦痛のあまり自分たちの舌を嚙んだ(4)。
11そして人々は、自分たちの行ないを悔い改めるどころか、自分たちの〔受けた〕苦
痛と〔体にできた〕できもののゆえに、天の神を冒瀆した。
12第六の〔天使〕が自分の〔持っている〕平鉢〔の中身〕を大ユーフラテス河に注
いだ。すると、河の水は干上がった(5)。それは、太陽の出る方角から〔攻めのぼって〕
来る王たちのための道が準備されるため(6)であった。13私はまた、竜の口から、獣の口
から、また偽預言者の口から、蛙のような三つの穢れた霊〔が出て来るの〕を見た。

[14]これら〔の霊〕は徴を行なう悪霊どもの霊[7]であって、全世界のもろもろの王のもと
に出向いて、全能者なる神の大いなる日[8]における戦いのために、彼らを召集する。
[15]――心せよ、私は盗人のように来る。目を覚ましており[9]、裸で歩き回って、人々に
それを見られて恥をかいたりすることのないよう、自分の着物を〔身に〕着けている
人は幸いである――。[16]そして、〔かの三つの霊は、〕ヘブライ語で「ハルマゲドー
ン*」と呼ばれる場所にもろもろの王を集合させた。
[17]第七の〔天使〕が自分の〔持っている〕平鉢〔の中身〕を中空*に注いだ。する
と、神殿の中から、〔すなわち、その中の〕玉座から、大きな声がして、「ことは成就
した」と言った。[18]すると、もろもろの稲妻と〔雷の〕轟きと落雷とが起こり、また
大地震が起こった。それは、地上に人間が生まれ出て以来、かつて起こったことのな
いような、それほど大きな地震であった。[19]かの大いなる都は三つに割れ、諸民族の
町々は倒壊した[10]。神は大いなるバビロンを思い起こし、これに神の激した怒りの〔込
められた〕葡萄酒の杯を与えた。[20]島々はことごとく逃げ去り、山々は〔平らにされ
て〕消え失せた[11]。[21]また、〔一粒が〕一タラントン*ほどの重さの雹が天から人々の上
に降って来た。人々は、この雹の災害のために、神を冒瀆した。雹の災害は、甚だし
く大きかったからである。

注

(1) この災害については、出九10-11参照。
(2) 一見、水が血に変わる災害が重複して記述されているように見えるが、こちらは真水の川や泉の水がもはや飲み水として使えなくなったという災害（出七20-21参照）。
(3) 「獣の王座」は神に敵対する力の中枢――具体的にはローマ――を象徴する。神のさばきが、いよいよ敵対勢力の中核におよぶ、という意味。
(4) 「舌を噛んだ」とは、おそらく、人々が苦痛のあまりに死を願って、自殺しようとしたということ。
(5) 水が超自然的に干上がる奇蹟については、出一四21以下（紅海）参照。次節で、東方から反ローマ勢力（パルティア人）を率いた王がローマを攻略するという伝説（再来のネロ伝説）に依拠して、ローマの滅亡が示唆される。ユーフラテス河が干上がることによって境界がなくなり、東方からの侵略がたやすくされる。
(6) 出八1-2を参照。
(7) 悪霊という霊、ということ。「霊」が神的な霊と誤解されることを避けた表現。終末時にはさまざまな反神的霊の出現が予期されていた。
(8) 神の終末的審判の日。
(9) 「目を覚ましている」や「主が盗人のように、突然に到来する」というのは、キリストの来臨の告知と深く結びついたモティーフ。
(10) 地震の激しさを示唆すると同時に、「諸民族」はバビロン*の支配下にあることが本書に見られることから（一四8、一八2-3、21）、バビロンの支配下にある町々の崩壊を記述するもの。
(11) 出九23-26参照。

17

大淫婦と獣

[1]それから、七つの平鉢を〔それぞれに〕持つ七人の天使たちのうちの一人が〔私
のところに〕来て、私に語りかけてこう言った、「こちらに来なさい。私はお前に、
多くの水の上に(1)座っている(2)大淫婦に下される審《さば》きを見せてあげよう。[2]地上のもろも
ろの王たちはこの淫婦と淫行を行ない、地上に住む人々はこの淫婦の淫行の葡萄酒に
酔いしれたのだ」。[3]そして、この天使は霊に満たされた私を荒野に連れて行った。
〔そこで〕私は一人の女が緋色(3)の獣の背に座っているのを見た。その獣は、神を冒瀆
する数々の名前(4)が体中に書かれていて、七つの頭と十本の角とを持っていた。[4]この
女は紫の衣*と緋色の衣とをまとい、金の宝石と真珠とで身を飾りたてて、その片方の
手には忌まわしいものと彼女の淫行の〔もたらした〕穢れとが一杯に満ちている金の
杯を持ち、[5]その額には、一つの名前が書かれていた。〔その名前には、〕秘められた
意味〔が込められていて〕、「大いなるバビロン*、淫婦どもと地上の忌まわしいものど
もとの母」というものであった。[6]私は、この女が聖徒たちの血とイエスの〔ために

図55 「バビロンの大淫婦とその崇拝者たち」『快楽の園』（ホルトゥス・デリキアルム）12世紀後半，アルザス，パリ国立図書館　バビロンの大淫婦は緋色の獣の背中に乗り，緋色の衣をまとい，穢れに満ちた金の杯を持っている。獣は7つの頭と10本の角を持っている。7つの頭とは7つの丘であり，ローマを表す。

図56 「バビロンの大淫婦」ケルン派の黙示録写本，14世紀中頃，ヴォルフェンビュッテル，ヘルツォーク・アウグスト図書館　いかにも娼婦らしい女性が馬に乗っている。その足元には7つの丘がある。

殉教した〕殉教者たちの血とで酔いしれている[5]のを見た。私はこの女を見て、途方もなく驚いた。

獣と淫婦の象徴

7すると、かの天使が言った、「お前は、なぜ〔そんなに〕驚くのか。私はお前に、この女と、この女を乗せている七つの頭と十本の角を持っている獣とについての秘められた意味を話してあげよう[6]。

8お前が見た獣は、〔昔は〕いたが、〔今は〕いない。それは、今まさに底なしの深淵からのぼって来ようとしているのだが、〔結局は〕滅び去るのだ。地上に住む者たちで、世界が創造された時から命の書の中に名前の書き込まれていない者たちは、この獣が、〔昔は〕いたが〔今は〕おらず、〔これから〕現れるのを見て驚くことだろう。9ここに、知恵を持った理性がある[7]。〔つまり、〕七つの頭とは、かの女が座っている七つの丘[8]のことである。またそれは七人の王[9]のことでもある。10その〔うち、すでに〕五人は倒れ、一人は今おり、もう一人はまだ現れていない。その王が姿を見せる時は、しばらくの間〔この地上に〕留まるはずになっている。11またかの、〔昔は〕いたが〔今は〕いない獣とは、自身は八人目の者ではあるが、それでも七人のうちに

数えられるのであって、(10)この者も滅び去る。12あなたが見た十本の角は十人の王たち
である。(11)これらの王たちはまだ〔即位して〕王権を受けてはいないが、一時の間だ
け、獣と一緒に、王としての権威を受け〔て統治するはずであ〕る。13これらの王た

図57　「天使がバビロンの大淫婦を打ち破る」『快楽の園』（ホルトゥス・デリキアルム）に基づく17世紀の模写　天使は女を破滅させ火で焼いてしまう。その女とは，地上の王たちを統治する大いなる都のことである。画面では淫婦は焼かれ，穢れた杯を手放している。その光景を眺める人々は壮絶な場面を前に悲痛な表情をしている。

ちはただ一つの計画を押し進め、自分たちの力と権威とを獣に引き渡す。[14]これらの者たちは小羊に戦いを挑むが、小羊は主たちの主、また王たちの王であるから、彼らを打ち破る。また、小羊に従っている、〔神に〕召し出された、選び出された、また忠実なる者たちも一緒になって〔、彼らを打ち破る〕」。

[15]また〔天使は続けて〕私に言う、「あなたの見た水、すなわちかの淫婦が座っているところは、もろもろの国民や民衆や民族、また国語〔の違う民〕(12)である。[16]あなたの見た十本の角と獣、これらの者たちがこの淫婦を憎み、この女を破滅させて、丸裸にし、その肉を食べ、また火で焼いてしまう。[17]なぜなら、神は、これらの者たちの心の中に、神の〔語られていたもろもろの〕言葉が成就されるまで、彼らの王権を獣に引き渡すことに合意して、神の計画を実行しようとの思いを抱かせたからである。[18]あなたが見たかの女は、地上の王たちを統治する大いなる都のことである」。

注

（1） エレ五一13を参照。バビロンはユーフラテス河やそれに連なる運河に囲まれていた。もっとも、ローマの地形の描写としては適切ではないから、15節で、天使によってこの水についての説明がなされる。

（2） 「……の上に座る」というのは、15節からも明らかなように、支配者として君臨するという意味であって、バビロンの支配がおよぶ広大な版図、その強大な権力、地位の高さを暗示している。

(3) ホルム樫につくエンジ虫の雌から取られた貴重な染料で染めあげられた色で、高位の人や富裕な人の着衣に用いられた。この場合、緋色は「富と繁栄」を象徴する。

(4) 一三1参照。皇帝礼拝で、人間であるローマ皇帝たちが神格化されて礼拝されたことが念頭にあり、それらの、礼拝の対象となった具体的な皇帝たちの名前が考えられている。

(5) 「血に酔いしれる」とは、大量に殺戮するという、すでに旧約聖書に見られる表現。

(6) 以下の叙述には、ネロが生き返って復讐のために東方から反ローマ勢力を率いて攻めのぼって来るという再来のネロについての伝説が根底にある。

(7) つまり、理性がその知恵を働かせるための手がかりがある、ということ。

(8) ローマが七つの丘の上に建てられた町であることは、古代文献にしばしば記されていることから、当時の一般的な知識であったと思われ、七つの丘の上に座った女がローマを象徴していることはたしかである。

(9) ローマ皇帝。具体的にどの皇帝が考えられているかは確定しにくいが、第六人目の皇帝がドミティアヌス帝であることはほぼ確実である。

(10) つまり、昔いて、今は死んでおり、間もなく復活するので、二人に数えられながら、ただ一人の王である、ということ。

(11) ダニ七24。これらの王は、ローマに協力的であったパルティアの王を暗示している。

(12) 他の箇所にも出て来る、人類全体を意味する表現。ローマが世界の支配権を握って全人類の上に君臨していることを絵画的に描写する。ここで、「部族」の代わりに「民衆」となっているのは、パンとサーカスを求めて政治家たちを動かしたという評判のある、ローマの民衆を思い描くからのようである。

18

バビロンの滅亡

[1]これらの後に、私は別の天使が天から降って来るのを見た。その天使は大きな権
威を帯びていて、地上は彼の栄光によって明るく照らし出された。[2]その天使は、力
強い声で叫んで、こう言った、
「倒れた、倒れた、大いなるバビロンが。
そこは、悪霊たちの住処、
あらゆる穢れた霊の巣窟、
あらゆる穢れた鳥の巣窟、
また〔、あらゆる穢れまた〕嫌悪すべき〔獣の巣窟〕となった。
[3]なぜなら、すべての民族は、
かの女の〔淫らな〕激情を呼び起こす淫行の葡萄酒を飲み、
地上の王たちは、かの女と淫行を行ない、
地上の商人たちは、

かの女の途方もない贅沢によって金持ちになったからである」。

神の民への勧告

4私はまた、天から別の声がして、こう言うのを聞いた、
「私の民よ*、かの女から離れ去れ。
お前たちが、かの女の罪に加担したり、
かの女を襲う災いを、お前たちも受けたりすることのないためだ。
5なぜなら、かの女の罪は積み重なって天にまで届き、
神はかの女の不義の行ないを思い起こされた。
6かの女がお前たちに報いた通りに、かの女に報い返してやれ。
かの女の仕業に、その倍を返してやれ。
かの女が〔お前に飲ませるために〕混ぜ注いだ杯(1)の中に、その倍の量を混ぜ注い
でやれ。
7かの女は傲り高ぶり、贅沢三昧の生活をおくったが、〔今や〕
それと同じだけの苦しみと悲しみとを味わわせてやれ。
なぜなら、かの女は心の中で、こう言っているからである、

『私は女王の座についており、
寡婦ではなく[2]、
悲しい目になど、決して会うことはない』。

図58　「神の民への勧告」『ベアートゥス注釈書』11世紀初，マドリード王立歴史研究所　「倒れた，倒れた大いなるバビロンが」と天使は力強い声で叫んだ。建物からは火の手が上がり，その屋上には淫行の葡萄酒を示す杯とポットが置かれている。

8 それだから、さまざまな災いが、死と悲しみと飢えとが、
たった一日のうちにかの女を襲い、
かの女は火でもって焼き尽くされてしまうであろう。
なぜなら、かの女をさばかれる神なる主は、
力強い方だからである」。

バビロンに対する嘆き

9 かの女と淫行を行ない、贅沢三昧の生活をおくった地上の王たちは、かの女が焼
かれる火〔から立ちのぼる〕煙を見て、かの女のために泣き、自分たちの胸を打ち叩
く。(3) 10 彼らは、かの女の苦しみに恐れをなして、ただ遠くに立ったまま、こう言う、
「ああ、禍いだ、ああ、禍いだ、
大いなる都、強大なる都バビロンは。
お前は、一瞬のうちにさばかれてしまったのだから」。
11 また、地の商人たちも、かの女のために泣き悲しむ。もはや、誰一人、彼らの積
荷の品を買うものはないからである。(4) 12 その積荷の品には、金、銀、宝石、真珠、麻
布、紫布、絹、緋布、あらゆる種類の香木、あらゆる種類の象牙細工、また最高に高

図59 「バビロンの滅亡後の神の礼拝」『ベアートゥス注釈書』レオン，1047年，マドリード国立図書館
バビロン滅亡の後，４匹の生き物やすべての者たちは神を礼拝する。ヨハネは天使の前に倒れ込んで意識を失っているようである。

価な木材や青銅や鉄や大理石などからできたあらゆる種類の器、[13]肉桂、香辛料植物、香、香油、乳香、葡萄酒、オリーブ油、麦粉、小麦、家畜、羊、馬、馬車、奴隷、それに人間のいのちさえもあった。

14〔彼らはこう言う、〕
「お前の心が渇望した果物は、もはやお前の手には届かないものとなり、
あらゆる優美なものやきらびやかなものは、お前のもとから失われて、もはや決
してふたたび見いだされることはない」。
15これらの品々〔を売って、〕かの女のおかげで金持ちになった商人たちは、かの
女の苦しみに恐れをなして、ただ遠くに立ったまま、泣きまた悲しみながら、こう言う、
16「ああ、禍いだ、ああ、禍いだ、
麻布や紫布や緋布〔の衣〕を身にまとい、金や宝石や真珠で飾りたてられてい
た、かの大いなる都は。
17これほどの富が、一瞬のうちに廃墟とされてしまうとは」。
また、すべての船長、すべての航海者や水夫、海で生計を立てているすべての人た
ちは、遠くに立ったまま、18かの女が焼かれる火〔から立ちのぼる〕煙を見て、こう
叫んで言った、
「〔他の〕どんな都が、この大いなる都と較べられるだろうか」。
19彼らは自分たちの頭に灰をかぶり、泣き悲しんで、こう叫んだ、
「ああ、禍いだ、ああ、禍いだ、この大いなる都は。海に船を持つ者が皆、この

都の贅沢な生活のおかげで
金持ちになったのに、
一瞬のうちに廃墟とされてしまうとは」。
[20]天よ、かの都のことで大いに喜べ。
また、聖徒たち、使徒たち、それにまた預言者たちも〔、喜べ〕。
神は、お前たちのために、かの都をさばかれたのだから。(5)
[21]すると、一人の力強い天使が、大きな引き臼のような石を持ち上げて、次のようなことを言いながら、〔それを〕海の中に投げ込んだ。
「大いなる都バビロンは、このように荒々しく投げ倒され、
もはや決して見いだされることはない。
[22]竪琴を弾く者たち、歌を歌う者たち、笛を吹く者たち、またラッパを吹き鳴らす者たち〔が奏でる楽〕の音は、
お前の中では、もはや決して聞かれることはない。
また、あらゆる職種の職人の誰一人として、
お前の中では、もはや決して見いだされることはない。(6)
引き臼の音も、

図60 「力強い天使」エドワード1世の黙示録写本，13世紀末，オックスフォード，ボードリアン図書館　バビロンは裁かれ，焼き尽くされる。1人の力強い天使が大きな引き臼のような石を持ち上げてこう叫ぶ。「バビロンは，このように荒々しく投げ倒され，もはや決して見いだされることはない」。天使は石をかつぎあげると，腰をかがめ，勢いよく海に落としている。ヨハネはこの光景を見ず，手を額にあてじっと瞑想している。

図61 「力強い天使」バンベルクの黙示録，11世紀初，ライヒェナウ，バンベルク市立図書館　天使は右手で軽々と石を摑み，海に落とそうとしている。それ以外の光景は省略されており，いたってシンプルな構図である。

お前の中では、もはや決して聞かれることはない(7)。
[23]また、灯火の明かりも、
お前の中では、もはや決して輝くことはない。
花婿花嫁の〔歓〕声も、
お前の中では、もはや決して聞かれることはない。
なぜなら、お前の商人たちが、
地上の高官となっていたからであり、
また、お前の魔術(8)によって、
あらゆる民族が惑わされ、
[24]また、預言者たちと聖徒たちの〔血が〕、
また、地上で殺されたすべての者たちの血が、
この都の中に〔淀んでいるのを〕、見いだされたからである」。

注

(1) 葡萄酒の場合、水を入れて薄められたもの。
(2) イザ四七7以下参照。寡婦は、旧約聖書で、孤児や外国人寄留者と並んで、社会的に弱い立場の代表

者として言及されることが多い。
（3）悲しみ（特に死者に対する哀悼）の表現、一7を参照。なお、一八9−19は地上の王たち、商人たち、海運業者たちによる三つの嘆きの歌となっている。
（4）バビロンでもって実際に意味されているローマは、属州は言うに及ばず、インドや中国など、世界各地の産物が集まる一大消費地であった。
（5）「信徒たち」のこと、使徒、預言者と一緒にされて、教会全体を言い表す。
（6）ここでは都市の男性の職業の代表として職工が挙げられ、次行では引き臼を引くことが女性の労働の代表として挙げられている。
（7）「引き臼」以下23節の叙述は、神の罰により永久に廃墟とされる地の情景を描写するエレ二五10に基づいている。「引き臼」で粉を挽き、パンを焼くことは家庭での女性の日常労働であり、それが止むことは、次行の「灯火」の消滅と共に、人間の日常生活の停止を意味する。
（8）語本来の意味ではなく、バビロン（＝ローマ）の繁栄によって、諸国民を誘惑して神に対する反逆へと誘った事態一般が意味されている。

19

天上における勝利の歌

1「これらのことの後に、私は天で、大群衆(1)〔が上げる〕どよめきのようなものを聞
いたが、その声はこう叫んでいた、
「ハレルヤ*、
救いと栄光と力とは、私たちの神のもの。
2なぜなら、神のさばきは、真実で義《ただ》しいから。
神は、淫行で地上を堕落させたかの大淫婦をさばき、
ご自分の僕たちが〔流した〕血の報復を、
かの女になさったから」。
3ふたたび、彼らは叫んだ、
「ハレルヤ、
かの女が〔焼かれる〕煙は、世々永遠に立ちのぼる」。
4そして、二十四人の長老たちと四匹の生き物とは平伏して、

「アーメン、ハレルヤ」
と言いつつ、玉座に座っている神を礼拝した。
5すると、玉座から声がして、こう言った、
「すべての神の僕たちよ、
〔そしてまた、〕神を畏れる者たちよ、
卑小な者も偉大な者も、
私たちの神を賛美せよ」。
6私はまた、大群衆があげるどよめきのようなもの、大水の轟きのような、激しい
雷鳴のようなものを聞いたが、それは、こう言っていた、
「ハレルヤ、
全能者にして、〔私たちの〕神なる主が、
王となられたから。
7私たちは喜び、歓喜して、神の栄光を称えようではないか。
〔ついに〕小羊の婚礼の日が来て、その花嫁も準備万端を整えたからである。(2)
8花嫁は、光り輝く、清い、麻布〔の衣〕を着ることを許されたのだ」。
——ところで麻布〔の衣〕とは、聖徒たちの義《ただ》しい行為のことである。

図62 「神の礼拝と小羊の婚礼」トリニティ黙示録，1250-60年，ケンブリッジ，トリニティ・カレッジ　画面上部では24人の長老たちが玉座の神を礼拝し，下部では小羊と花嫁の婚礼の準備が整えられる。花嫁は穢れなき白い麻布の衣をまとっている。淫婦はさばかれるが，花嫁は婚姻の席に進んで行く。

9 また、〔天使は〕私に言う、
「書き記しなさい、
『小羊の婚宴に招かれた者たちは、幸いである』と」。
また、「これらは、神の真実の言葉である」とも、私に言う。
10 私は、天使を礼拝しようとして、彼の足もとに平伏した。すると、天使は私に言う、
「そんなことをしてはいけない。私は、お前や、イエスの証言を堅持しているお前の兄弟たちと同じ、〔神に仕える〕僕仲間なのだ。〔私ではなく〕神を礼拝しなさい。なぜなら、イエスの証言〔を伝えること〕は、預言の霊[3]〔に満たされること〕なのだから[4]」。

図63　「命の川と命の木の前で天使を礼拝するヨハネ」バンベルクの黙示録，11世紀初，ライヒェナウ，バンベルク市立図書館　玉座のキリストから命の川が流れ，それが，ひざまずくヨハネの足元にある命の木に注がれている。

終末の緒戦

11 私は、天が開かれてい

るのを見た。そして一頭の白い馬[5]〔が現れた〕ではないか。その馬に乗っている騎士
は、「信頼でき真実なる者」〔と呼ばれており〕、彼は正義をもってさばき、〔正義のた
めに〕戦う。12その目は火の炎〔のよう〕であり、その頭には多くの冠[6]〔が戴かれて
いた〕。また、彼以外は誰も知らない、一つの名前が書かれていた[7]。13彼は血で染めら
れた着物を身にまとい、その名前は「神の言葉」と呼ばれた。
14天の軍勢が、白く清い麻布の着物を身につけて、白い馬に乗って、彼に従ってい
た。15彼の口からは鋭い太刀が出ている[8]。その太刀で諸民族を打つためである。この
者が、**鉄の杖でもって彼らを支配する**[9]。また、この者が、全能者なる神の激した怒り
の〔込められた〕葡萄酒の酒ぶねを踏む。16その者の着物にも股にも、「王たちの王、
主たちの主」という名前が書かれている。
17私はまた、一人の天使が、太陽の中に立っているのを見た。この天使は、空高く
飛んでいるすべての鳥に向かい、大声でこう叫んだ、「さあ、神の大宴会に集って来
い。18王たちの肉、千人隊長たちの肉、権勢ある者たちの肉、馬たちやその騎手たち
の肉、また自由人も奴隷も、偉大な者も卑小な者も、ありとあらゆる〔人間たち〕の
肉を食え[10]」。
19私はまた、かの獣と地上の王たちとその軍勢とが、馬に乗った騎士とその軍勢と

図64 「白い馬に乗る騎士」『ベアートゥス注釈書』スペイン北部，10世紀末，ブルゴ・デ・オスマ聖堂美術館　天が開かれ1頭の白い馬が現れた。それに乗る騎士は「信頼でき真実なる者」であり，その目は炎のようであり，口からは鋭い太刀が出ている。炎の目（1：14），太刀（1：16），鉄の杖（2：27，12：5），怒りの酒ぶね（14：19-20）。これらの要素が15節で一つにまとまってしまった。

図65 「白い馬に乗る騎士」ネーデルラントの黙示録写本，1400年頃，パリ国立図書館　血で染められた着物を身にまとった騎士は「神の言葉」と呼ばれる。ニンブスが描かれ，十字架の盾を持っている。目からは赤い炎が出ている。画面下では，彼が邪悪な者たちをさばき，火の池（怪物の口）へ導く。

図66 「獣と偽預言者が火の池に投げ込まれる」イギリスの黙示録写本，1245–55年頃，パリ国立図書館　獣たちと偽預言者が怪物の口へむりやり押し込められている。横暴の限りをつくした獣や竜は断末魔の叫び声をあげ，滅びる。

に戦いを挑むために、結集しているのを見た。20しかし、獣は捕らえられた。またこの獣の面前でもろもろの徴を行なって、獣の刻印を受けた者たちや獣の像を礼拝する者たちを惑わしたかの偽預言者も、獣と一緒に捕らえられた。これらの両者は、生きながらに、硫黄の燃えている火の[11]池に投げ込まれた。21そして、残りの者たちは、かの〔白い〕馬に乗った騎士の口から出る太刀によって殺され、すべての鳥は、彼らの肉を飽きるほど食べた。

注

（1）　天使たちの群れ。

（2）小羊の婚礼ないし小羊の花嫁という表象の背景には、神とイスラエルの契約関係を夫婦関係にたとえた旧約聖書の伝統がある。新約聖書では、これがキリストと教会の関係に適用されている。するとここでは、終末的な救済に与る、理想的に完成された将来の教会を指示していることになる。
（3）人を神憑りの恍惚状態に導いて、預言を語らせる霊のこと。
（4）イエスの証言こそ、真の預言の才である、という発言。この句は、一9－11に遡及して、間接的にヨハネの預言を権威づけている。
（5）ここでは馬は「軍馬」のことで、戦いの象徴。
（6）「冠」は地位と権力の象徴。それゆえ、「多くの冠」は「王の中の王」にふさわしい。
（7）この名前は冠に書かれているのではなく、彼の体に書かれたもの。古代において「名前」は人格そのものとみなされ、「悪霊祓い」においては、名前を知られることは知られた相手に支配されることを意味した。ここでは、そのような思想を前提に、誰にも支配されることのない騎士の絶対的主権を表現。それゆえ、著者は、次節で彼が「神の言葉」という名前であると記すことに矛盾を感じていない。
（8）口から太刀が出ているのは、とりわけ言葉によるさばきが考えられているから（一16参照）。
（9）詩二9。二27、一二5参照。
（10）旧約聖書では、死体が埋葬されず、野獣の餌食となることは神の呪い、罰である。
（11）「ゲヘナ」のこと（一四10参照）。焼き滅ぼすというより、罰として永遠に火で苦しめられることが考えられている。

20

千年王国

1また私は、一人の天使が、底なしの深淵*の鍵と大きな鎖とを手にして、天から降
って来るのを見た。2そして、竜、かの太古の蛇――これは、悪魔またサタンのこと
である――をつかまえ、一千年間縛った(1)。3そして、その竜を底なしの深淵に投げ込
んで錠をおろし、その上に封印した。一千年の期間が終わるまで、竜がもはや諸民族
を惑わすことのないためである。一千年の後に、竜は短期間解き放たれるはずである(2)。
4また私は多くの座〔がある〕のを見た。そして、審《さば》きを託された人々がそれらの
座に座った。〔私は〕イエスについて証言し、神の言葉〔を伝えた〕ために、首をは
ねられた人々の魂も〔見ることができた〕。それに、獣も獣の像も礼拝せず、その刻
印を額や手に受けることをしなかった者たちも〔そこにいた〕(4)。彼らは生き返って、
キリストと共に一千年間統治した(3)。5それ以外の死人たちは、一千年の期間が終わる
まで、生き返ることはなかった。
これが第一の復活*である。6幸いなるかな、また聖なるかな、第一の復活*に与かる

者、これらの者たちに対しては、第二の死*はなんの支配力も持たず、彼らは神とキリストの祭司となって、一千年間彼と共に統治する。

図67 「竜を底なしの深淵に投げ込む」『ベアートゥス注釈書』サン・スヴェール，11世紀中頃，パリ国立図書館　天使が深淵の鍵と鎖を持ち，天から降りる。そして竜，太古の蛇を捕まえ一千年間縛り，竜を底なしの深淵に投げ込んだ。竜は罪人のような姿をし，手と足を縛られ，地中に埋められている。

図68 「第一の復活」ドゥース黙示録，1270–74年頃，オックスフォード図書館　神の言葉を伝えるために殺され，獣も礼拝せず，刻印もされなかった者たちが生き返り，キリストと共に一千年間統治した。キリストが見つめると，棺から次々と死人が甦る。それを目撃する人々は驚きの色を隠せない。

サタンの最後的敗北

7一千年の期間が終わった時、サタンはその牢獄から解き放たれる。8そして、地の四（5）隅に住む諸民族、ゴグとマゴ（6）グを惑わし、戦いのために彼らを召集しようと、〔牢獄から〕出て行く。彼らの数は海辺の砂のように多い。9彼らは地上の広い場所（7）に攻めのぼって、聖徒たちの陣営と愛された都（8）とを包囲した。**すると、天から火が降り注いで、彼らを焼き尽くした（9）。**10そして、彼らを惑わす悪魔は火と硫黄の燃える池に投げ込まれた。同じ炉には、かの獣と偽預言者も〔投げ込まれていた〕。そして、かの者どもは昼も夜も、世々永遠に苦しめられる。

最後の裁き

11それから、私は大きな白い玉座とその上に座っている者とを見た。地と天とはその方の御前から逃げ出し、跡形もなく消え去った（10）。12また私は、（11）死人たちが、偉大な者も卑小な者も、玉座の前に立っているのを見た。もろもろの書物が開かれたが、もう一つの書物、つまり命の書も開かれた。そして、死人たちはそれらの書物に記録されていることに（12）従い、各々の行ない*に応じてさばかれた。13海は自分が抱えていた死人たちを引き渡し、また死と黄泉も自分たちが抱えていた死人たちを引き渡した。そ

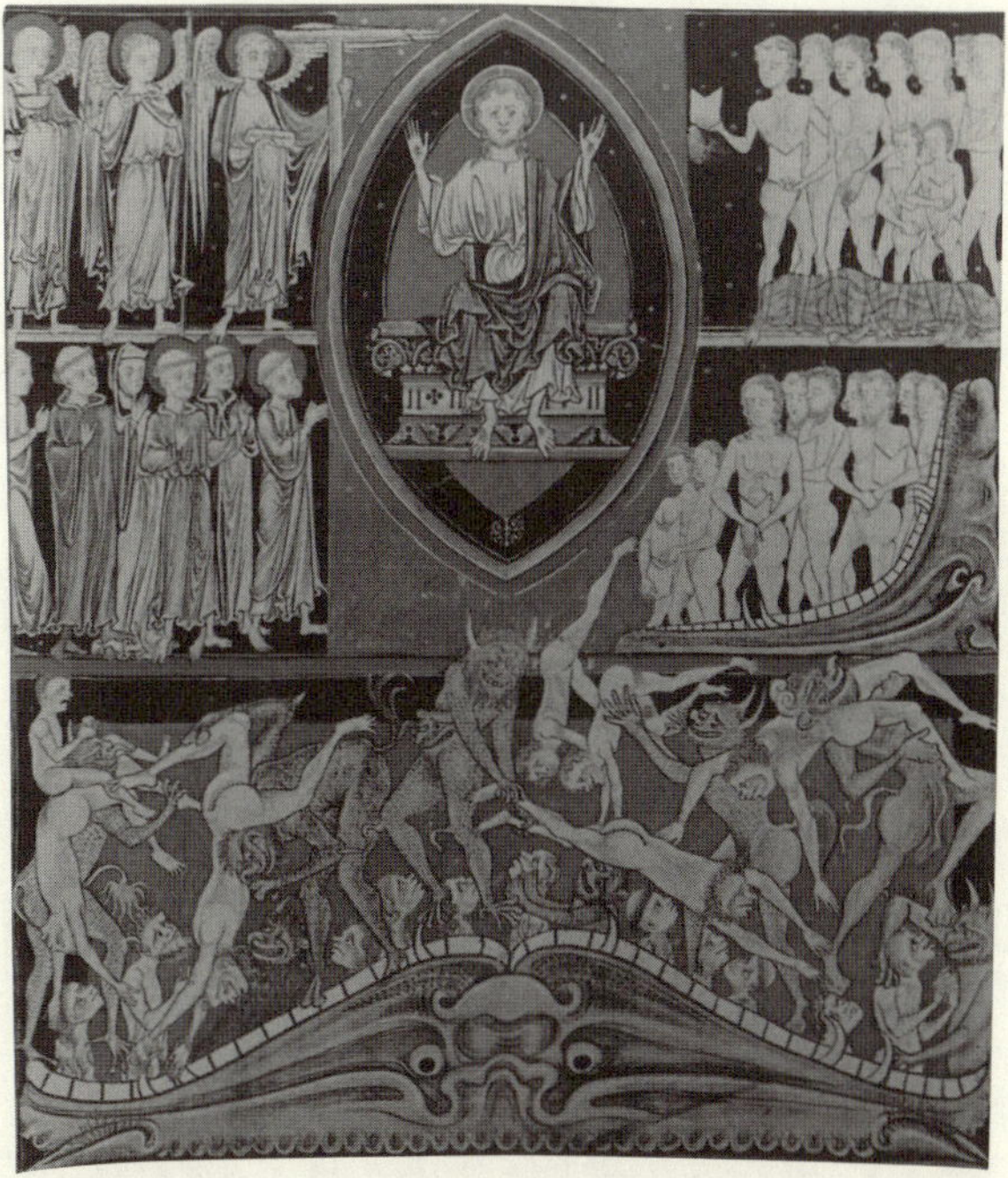

図69 「最後の審判」クイーン・エレナの黙示録写本，1242–50年頃，ケンブリッジ，トリニティ・カレッジ　死人たちは命の書に記録されていることに従い裁かれた。海は死人たちを引き渡し，黄泉も死人たちを引き渡した。画面の右上には，海から甦る死人と，黄泉（怪物の口）から甦る死人がいる。命の書に記載されていない者は再び黄泉へ落とされる。

図70　「最後の審判」バンベルクの黙示録，11世紀初，ライヒェナウ，バンベルク市立図書館　この図像には第一の復活と審判が同時に描かれている。キリストは十字架を持ち，周囲を長老，天使たちが取り囲む。天使が示している巻物は命の書であろう。

して、一人一人が各々の行ないに応じてさばかれた。14 それから、死と黄泉とは火の
池に投げ込まれた。この、火の池が、第二の死*である。15 そして、命の書*に〔その名
が〕記録されていないことがわかった者は、その火の池に投げ込まれた。

注

(1) キリストの千年王国の思想（すぐ後の4節参照）、エゼ三七章に基づいている。しかし、「千」は厳密な数字というより、「ごく多数」と同義に用いられるから（七5-8、二一16）、「長期間」という意味であろう。キリストの敵対者である獣の支配が四十二ヵ月とされること（一三5）と比較。

(2) 終末的再臨の直前に、悪魔が自由になって、人々を誘惑することが考えられている。

(3) メシアの国が、最後的な神の救済に先立つ中間王国であるという思想。

(4) 非キリスト信徒のこと。11-15節を参照、彼らは一貫して「死人」と呼ばれている。

(5) 全世界くまなく、の意味。「隅」＝「果て」を重視すれば、一九19-21で滅ぼされたローマ帝国とその同盟勢力以外の者とも解釈できるが、それは黙示録の著者の思想に合わない。

(6) エゼ三八2参照。ただし、エゼではマゴグは、黒海とカスピ海の間に位置する地名でゴグはその王であるが、ここではゴグと共に民族名。ラビ伝説でも、神の民の代表的敵対者として出て来る。

(7) エゼ三八11-12参照。パレスティナの地を意味している。

(8) 元来、エルサレムを指す表現であるが、ここでは信徒とその教会の象徴。そこに敵勢力が「のぼる」と言われるのは、それが天の神に近いことを想定しているから。

(9) 王下一10、12。

(10) 現在の天地が滅ぼされ、天地が新たに創造されるというのは黙示文学に一般的な思想（二一1参照）。
(11) 死者たちが生前に行なった数々の行為が記録された文書のこと。
(12) 黄泉と死に並ぶ海の言及は、船の遭難を身近に体験しうる小島パトモスという黙示録の著者の環境を示唆する。二一1の海についての否定的言及を参照。

21

天のエルサレム

[1]また私は新しい天と新しい地とを見た。最初の天と最初の地とは消え去って、も
はや海もなかったからである。[2]また、私は聖なる都、新しいエルサレムが、あたか
も夫のために美しく着飾った花嫁のようにすっかり用意を整えられて、神のもとから
〔送り出され〕、天から降って来るのを見た。(1) [3]また玉座から大きな声がして、こう言
うのを聞いた、
「今や、神の幕屋が人の間に〔立てられ〕、神が人と共に住まわれる。人は神の
民となり、神ご自身が人と共におられ〔、彼らの神となられ〕る。[4]〔神は〕人の
目から〔流れる〕涙を一滴残らず拭い去って下さる。(2) もはや死はなく、もはや悲
しみも嘆きも労苦もない。古い秩序の事柄は消え去った〔からである〕」。
[5]すると、玉座に座っている者が言った、「見よ、私は万物を新しくする」。また、
「書き記せ。これらの言葉は信頼でき、また真実だから」とも言う。[6]また私に向かっ
て言った、「ことは成就した。私はアルファでありオメガ*〔である〕、すなわち、〔万

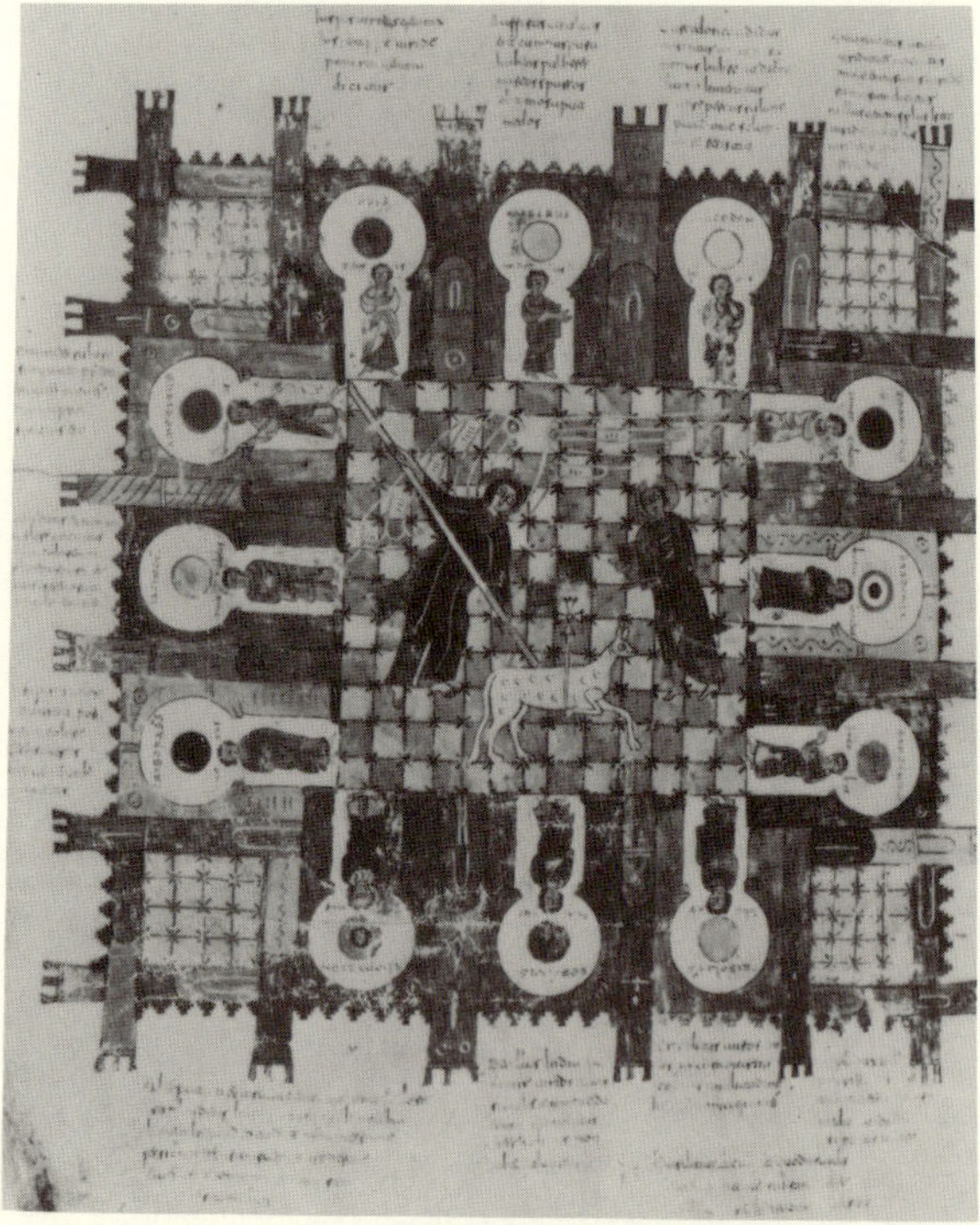

図71　「天上のエルサレム」『ベアートゥス注釈書』サン・ミゲル・デ・エスカラーダ，10世紀中頃，ニューヨーク，ピアポント・モーガン図書館　新しいエルサレムには高い城壁と12の門があり，12人の天使が警護している。またイスラエル12部族の名前が刻まれている。この図像は仏教美術の曼陀羅，特に胎蔵界曼陀羅の形式とよく似ている。立体的なものが完全に平面で描かれている。

物の〕初めでありその終わり［である］。渇いている者には、私は命の水＊〔が涌く〕
泉からただで飲ませよう。③ 7 勝利する者はこれらのものを受け継ぐ。私は彼の神とな
り、彼は私の子となる。④ 8 しかし、臆病者⑤と不信仰者、⑥また忌まわしい者、⑦殺人者、
淫らな者、魔法を行なう者、偶像を拝む者、〔要するに、〕すべての偽り者たちには、
彼らの受け取る分け前は、火と硫黄の燃える池である。それが第二の死である」。

図72　「天使がヨハネに新しいエルサレムを示す」トリールの黙示録，西フランケン，9世紀初，トリール市立図書館　天使はヨハネを高い山に連れて行き，エルサレムが天から下る様子を見せる。建物は12の塔でかこまれている。警護する天使は省略されている。

新しいエルサレム（一）

9 最後の七つの災いで満ちている七
つの平鉢を持っている七人の天使のう
ちの一人がやって来て、私と語らって
こう言った、「こちらに来なさい、私
はあなたに小羊の妻である花嫁を見せ
てあげよう」。10 この天使は、霊に満た
された私を大きくて高い山に連れて行
って、聖都エルサレムが神のもとから
〔送り出され〕、天から降って来るのを

見せてくれた。[11]その都は神の栄光に満ちていて、その輝きは、水晶のごとく透明な碧玉のような、値の付けようがない宝石のようであった。[12]大きく高い城壁があり、また十二の門があって、それらの門の上には、十二の天使が〔警護について〕おり、また名前が刻み込まれていたが、それはイスラエルの子らの十二部族の〔名前〕であった。(8) [13]東に三つの門、北に三つの門、南に三つの門、そして西に三つの門があった。[14]都の城壁には十二の土台があり、それらの上には小羊の十二使徒の名前が〔刻み込まれていた〕(9)。

[15]私と語っていた〔天使〕は、その都と都の門と都の城壁とを測るために、金の物差しを持っていた。[16]都は方形をしていて、その長さはその幅と同じだけあった。(10) 天使がその物差しで都を測ると、一万二千スタディオンであった。(11) その長さと幅と高さとは同じであった。(12) [17]天使がその城壁〔の厚さ〕を測ると、百四十四ペキュス(13)あった。これは人間の尺度によって〔測っ〕たものであるが、天使が用いたのもこれである。[18]城壁は碧玉で築かれ、また都はみがかれ〔て透き通っ〕たガラスのように〔輝く〕、純金〔で築かれていた〕。[19]都の城壁の土台はあらゆる種類の宝石で飾られていた。第一の土台は碧玉、第二はサファイア、第三は玉髄、第四はエメラルド、[20]第五は紅縞めのう、第六は紅玉髄、第七はかんらん石、第八は緑柱石、第九はトパーズ、

第十は緑玉髄、第十一はヒヤシンス石、第十二は紫水晶であった。21また十二の門は
十二の真珠であって、その各々がたった一つの真珠から造られていた。そして、都の
大通りは透き通ったガラスのように〔輝く〕純金〔でできていた〕。
22都の中に、私は神殿を見なかった。全能者にして神なる主と小羊とが、都の神殿
だからである。[14] 23その都は、太陽も月も、それを照らすのに必要としない。神の栄光
が都を照らし、また小羊がその灯火だからである。24諸民族はその光で歩き、地上の
王たちは自分たちの栄光を携えて都に来る。[15] 25また、都の門は日々決して閉められる
ことがない。なぜなら、そこには夜がないからである。26人々は、諸民族の栄光と誉
れとを携えて都に来る。[16] 27しかし、いかなる穢れたものも、忌まわしいことや偽りを
行なう［者］も、決して都には入れない。小羊の命の書に〔名前が〕記録されている
者以外は〔入れないのである〕。

注

（1）ユダヤ教には、地上のエルサレムに対応して、創造の初めから、天上にエルサレムが存在しているという考えがあった。

（2）イザ二五8。

（3）イザ一二3、五五1参照。救済が人間の信仰に対する報償ではなく、神の恩恵であることの表現。

(4) サム下七14、レビ二六12の混交引用。
(5) 「憶病者」とは、神に対する信頼に欠けることから、不安や恐怖を抱く者のこと。
(6) あるいは、殉教まで貫かれる信仰を欠くという意味での「不忠実な者」。
(7) 元来「忌まわしい」は祭儀的関連で用いられる概念。それを倫理化して、神とのあるべき関係を妨げる一切の行為の総称に用いている。
(8)
新しいイスラエル（＝教会）は真のイスラエルからなるということの象徴。
(9) 新しいエルサレムの基礎は使徒たちであるという思想の象徴的表現。
(10) 完全性の象徴としての正方形という考え方が反映している。古代の著名大都市（バビロン、ニネベ）の地取りもこの考えを反映している。
(11) 一万二千スタディオンは約二二〇〇キロメートル。この一万二千は「十二数」を基礎にしており、十二部族、十二使徒の延長上にある。
(12) 正方形が完全性の象徴とすれば、正立方体はその一層の徹底である。
(13) 百四十四ペキュスは約六五メートル。これも「十二数」の二乗数である。
(14) 特定の場所に限定されることなく、都の至る所で礼拝される神であるから、という意味。
(15) 完成された教会の普遍性を表現するために、終末時における諸民族のシオン巡礼という伝統的表象が採用されている。
(16) 「栄光と誉れとを携えて来る」ことは、完全に屈服する意志の表明を意味する。

22

新しいエルサレム（三）

1また〔天使は〕神と小羊の玉座から流れ出て、水晶のように輝いている命の水*
〔が流れる〕川を私に見せてくれた。2〔その川は〕都の大通りの中央〔を流れてお
り〕、川の両岸には〔一年に〕十二回実を結ぶ命の木が〔生えていて〕、毎月一つの実
を実らせ、またその木の葉は諸民族の治療薬に用いられる。3一切の呪いが、もはや
存在しない。神と小羊の玉座は都の中にあり、その僕たちは彼を礼拝し、4彼の顔を
見、(1)その御名が彼らの額に〔記される〕。5もはや夜はなく、(2)灯火の光も太陽の光も必
要がない。なぜなら、神なる主が僕たちを照らし、彼らは世々永遠に統治するからで
ある。

奨励と結び

6また〔天使は〕私に言った、「これらの言葉(3)は信頼でき、また真実のものであ
る。預言者たちに霊を吹き込まれる神であられる主は、すぐにも起こるはずのことを

図73　「玉座の神，命の川と命の木」『ベアートゥス注釈書』サン・ミゲル・デ・エスカラーダ，10世紀中頃，ニューヨーク，ピアポント・モーガン図書館　玉座から命の川が滝のように流れ落ちる様子を，天使がヨハネにみせている。ヨハネが立つ山はアーチが組み合わさったベアートゥス独特の表現である。

自分の僕たちに示そうとして、自分の天使を遣わされたのである。7心しなさい。私(4)
はすぐにも来る。この書〔に含まれた〕預言の言葉を守る人は幸いである」。
8これらのことを聞きまた見たのは、この私ヨハネである。私は、聞き終わりまた
見終わった時、これらのことを私に見せてくれた天使の足もとに平伏して礼拝しよう
とした。9すると、天使は私に言う、「そんなことをしてはいけない(5)。私はあなた
や、あなたの兄弟である預言者たちや、この書に書かれた言葉を守っている者たちと
同じ、〔神に仕える〕僕仲間なのだ。〔私ではなく〕神を礼拝しなさい」。
10〔天使は、〕私にこうも言う、「この書に書かれた預言の言葉を秘密にしておいて
はならない(6)。〔それらの言葉が実現する〕時は間近だからである。11〔その間、〕不義を
行なう者は不義を行なうままにさせ、穢れた者(7)は穢れるままにさせておきなさい。し
かし、義《ただ》しい者は正義を行ない続け、聖なる者は聖化され続けさせなさい(8)」。
12「心しなさい、私はすぐにも来る。〔私が〕各々の行ないに応じて報酬を与えるた
めに、私の〔与える〕報酬も私と一緒〔について来る〕。13私はアルファでありオメガ
である、すなわち、最初の者であり最後の者であり、〔万物の〕初めであり終わりで
ある。
14命の木に近づく権利を得、門を通って都に入るために、自分たちの衣を洗い浄め

る者たち(9)は幸いである。15犬ども、(10)魔法を行なう者、淫らな者、殺人者、偶像を拝む
者、またすべて嘘を好みまた行なう者は、〔都の〕外に〔留め置かれる〕。

エピローグ

16私イエスは、諸教会について、これらのことをあなたがたに証言するために、私
の使いを遣わした。私はダビデの根*また子孫であり、輝く明けの明星*である」。
17霊と花嫁(11)も言う、「来て下さい(12)」。〔これを〕聞く者(13)も、「来て下さい」と言いなさ
い。渇いている者は来なさい、そして飲みたい者は、ただで命の水*を飲みなさい。
18私としては、この書〔に記されている〕預言の言葉を聞く者すべてに警告する。
もし、それに書き加える者があれば、神がその者の上に、この書に書き記されている
災いを加えられる。19もし、この預言の書の言葉から〔一部でも〕取り除く者があれ
ば、神が、この書に書き記されているような、〔彼が受け取るはずの〕命の木と聖な
る都の取り前を取り除かれる。
20これらのことを証言する者が言われる、「然り、私はすぐに来る」。アーメン、主
イエスよ、来て下さい。

21 主イエスの恵みが、〔あなたたち〕すべての者たちと共に〔あるように〕。

注

（1）顔と顔を合わせて神を見る、の意味で、穢れた人間には許されず、義人にのみ与えられた約束であった。
（2）「夜」は、「闇」と同じく、神の救済が及ばない悪の支配領域。
（3）ヨハネ黙示録全体の内容のこと。
（4）天上のイエス。
（5）一九10と比較参照。いずれも、啓示の伝達者の、それゆえ間接的には黙示者ヨハネの神格化を諌めている。
（6）ダニ八26、一二4、9のように黙示文学の慣用では、啓示内容は秘密に保たれねばならないのだが、「実現の時の近さ」を理由に、それとは逆の命令が与えられている。
（7）ここでは祭儀的観点から見て、神によって「不浄」とされる者の意味。後続の「聖なる者」と逆対応している。
（8）人間の側でどのように振る舞おうとも、神の計画は必ず実現する、との確信の表現方法であると同時に、そのような人間の不道徳な振る舞いによって信仰的確信を揺るがすことのないようにとの警告。
（9）「衣」は当時の普通の着衣であったゆったりとした長衣。聖なる都に入る資格としての聖なる性質。ただし、「洗い浄める」のは祭儀的穢れというよりも、ここでは穢れを避ける人間の側の倫理的努力という観点から「聖」が見られている。
（10）悪人一般の比喩。

(11) 二一2、9に従えば、キリストの花嫁である新しいエルサレム。しかし、未来の教会の姿として、教会の本来あるべき姿を象徴。

(12) この懇請はキリストに向けられたもの。「霊と」とあるのは、教会は霊の働きによって、この懇請が可能であると考えられているから。

(13) 実際には、先行文と同じく信徒一般を意味する。礼拝の中での指導者の唱導に合わせて、会衆が同じ懇請をくり返した慣習を反映している。

解説

小河　陽

一　著者

二世紀半ばの殉教者ユスティノスは、ヨハネ黙示録が「キリストの使徒の一人であったヨハネ」によって書かれたと主張している（トリュフォンとの対話八一）。二世紀末のエイレナイオスになって初めて、本書とヨハネの福音書とが同一の著者である「主の弟子であったヨハネ」の手によって著されたとされた。彼は、このヨハネがエフェソの長老たちと親交があり、トラヤヌスの時代（九八―一一七年）まで彼らの間にいた、とも言っている。三世紀前半に活躍したヒッポリュトスは本書の著者であるこのヨハネを「主の使徒また弟子であるヨハネ」としている。ほぼ同時代のオリゲネスは本書の著者をゼベダイの子ヨハネとし、同名の福音書の著者と同一視した。かくして、古代教会の伝承においては本書の著者ヨハネとは同名の福音書と三つの手紙の著者でもあるイエスの直弟子であったゼベダイの子ヨハネであると信じられていた。しかし、このような見解に対して、三世紀半ばのオリゲネスの死の直後、すでにアレクサンドリアのディオニシオスは本書とヨハネ福音書が同一の著者によって著されたはずがない、と批判的に論じている。このような批判は東方教会で根強かった。事実、本書の言語上の特徴や神学思想（とりわけその終末論）はヨハネ福音書やヨハネの手紙のそれとは全く相違しており、同一の著者であるとは考えられない。

著者は自らヨハネと名乗っている（一1、4）が、特定するにはヨハネという名前は初期キリスト教徒の間であまりに一般的にすぎる。著者は自分が使徒ないし弟子であったとは主張していない。新しいエルサレムの城壁の土台を十二使徒とする解釈（二一14）は、使徒自身がそのような象徴を語ったとは考えにくい上、パウロより後のエフェソ書二20（Iコリ三10－15と比較参照）と共通するものであって、使徒の時代をすでに過去のものとして回顧した時代を示唆している。また、本書にはナザレのイエスについての直接的な知識が認められないことも、ゼベダイの子を著者とすることに対する反証となる。それゆえ、著者はヨハネという名前の人物であるという以上のことはもはやわからないとすべきである。

ただし、著者の果たした社会的機能について、多少付け加えることが可能である。著者は自分を預言者と呼ぶことはしていないが、自分の著作を「預言」と呼ぶこと（一3、二二7ほか）や、幻を見せてくれた天使に、「私は……あなたの兄弟である預言者たち……と同じ、〔神に仕える〕僕仲間なのだ」と言わせている（二二9）ことで、預言者としての自意識を間接的に示唆しているようである。実際、彼はイスラエルの預言者とキリスト教預言者とを区別せず、自分の受けた幻の記述に際しては旧約預言者の表象世界や伝統を自由自在に利用している。なお、「あなたの兄弟である預言者たち」という表現から、手紙の宛てられた七つの町には預言者集団が存在していて、ヨハネはその指導者であったと推測されることもあるが、これは想像の域を出るものではない。しかし、小アジアの七教会と親交があったことは、彼が個別教会を越えた、この地域の指導的人物であったことをうかがわせる。

二　成立時期

本書の成立年代についてもはっきりしない。最古の証言は、本書に記された幻がドミティアヌス治世（紀元八一―九六年）の終わりに見られたものだという二世紀後半のエイレナイオスのものである。三世紀後半の人、ペッタウのヴィクトリヌスは、ヨハネがドミティアヌスによってパトモス島の鉱山ないし採石場に追放され、そこで幻を見、それが書に著されたのもドミティアヌス治世下であった、と言う。こうして、古代教会の証言はドミティアヌス治世下の成立へと集約され、サルディスのメリトー、アレクサンドリアのクレメンス、オリゲネス、エウセビオスなどの二世紀から四世紀にかけての古代教父、それにヒエロニムスもこの伝承を知っている。

四世紀のエピファニウスは、本書の執筆をクラウディウス治世下（紀元四一—五四年）としており、また、ネロ治世下（紀元五四—六八年）とする証言も見られるが、これらは本書に見られる言葉（六9、一一1以下＝ヘロデ神殿の存在を暗示、など）の解釈に基づいての推測である。さらに、トラヤヌス治世下という証言も見いだされるが、これはヨハネがエフェソにおいてトラヤヌスの治世まで生きながらえたというエイレナイオスの言葉から推測された発言であろう。

本書の記述の中に見られる最も重要な証拠はバビロン破壊への言及である。バビロンがローマを意味する暗号であることはほぼ確実である。ユダヤ教文献においても、バビロンは終末論的な関心を持って、ローマの暗号として用いられることが多いが、それはローマの軍隊が、かつて実在した前六世紀前半のバビロニアのそれと同じく、エルサレムとその神殿とを破壊したという理由からである。すると、ただ単にローマの覇権、富、傲慢、頽廃の象徴としてバビロンが選ばれたというだけではなく、それにはローマ軍による七〇年のエルサレム破壊の出来事との関連づけが働いていることがわかる。つまり、本書の成立は紀元七〇年のローマ軍によるエルサレム神殿破壊の後である。

さらに、一七9-10の言葉も年代決定の手がかりとなり得るが、しかし、残念ながらこの謎の言葉については未だ誰もが納得する解釈は見いだせない。ここに言われる「七数」は、現実にローマ皇帝の人数を数え上げたとするよりも、象徴的に、ローマ帝国の終末はまだ来ていないという理由で、現在のローマ皇帝もまた未完の六人に留まり、いまだ完全数には至っていないということの表現として読むべきものであろう。

全体として、ドミティアヌス治世下の成立とする説が、本書の内容と最も良く一致を見せており、説得力を持っている。ネロないしウェスパシアヌス治世下にすでに小アジアに教会が成立していたことは十分に推測できるが、それらの教会がすでに、本書の二―三章に記されるような低いモラルと霊的衰退を見せていたとは考え難いからである。それに、ローマ帝国に対する態度はマルコ福音書一二17やロマ書一三1、あるいはIペトロ書二13-17と比較してさえ、ラディカルな変化を見せている。ドミティアヌスは帝国内において皇帝の家系の神性を承認・徹底させることに精力を傾け、彼の時代には皇帝礼拝の祭儀も小アジアにおいてはおおむね確立していたから、本書が許しがたい異教崇拝として嫌悪していること（一三11-18）と合致する。さらに、一七8-11（さらに一三1以下）に見られるような、悪魔ベリアルと反キリストとが合体したような、比較的進展した形の「再来のネロ」伝説も、遅い成立時期を示唆する。

三　成立場所

本書が小アジア西岸地方のどこかで編纂されたものであるという点では一般的な同意が見

られるが、それ以上に特定しようとする場合、パトモスあるいはエフェソと見解が分かれる。本書は小アジア西部の七つの都市にあるキリスト教会に宛てられているが、それらの都市はいずれも紀元一世紀のローマ属州であったアシア州にあった。

パトモス成立説は、一9に見られる幻視者ヨハネ自身の言葉に基づいている。彼は直訳すれば「神の言葉とイエスの証言のため」、そこに赴いたと言明しているが、これは、かの地で福音を宣教するためとも、信仰ゆえに、政治犯としてローマのアシア州総督によって追放刑に処せられた結果とも解釈できる。初期宣教者がパトモスのような孤島を宣教の地に選んだことの不自然さや、「……のため」というギリシア語前置詞が、本書では普通原因と結果の表記に用いられ目的を表すことはないという理由で、多数の解釈者は、先に言及したヴィクトリヌスや初期キリスト教著述家の証言に従って、後者の説をとる。もしヨハネが、ローマ総督によってパトモスへ追放の刑に処せられてそこに隔離されたのだとするなら、彼が孤島で得た幻による啓示を手紙によって諸教会に伝えたという事情が納得できる。しかし、旧約預言者の預言は収集され成文化されたものであったことを想起すれば、手紙による啓示の伝達は禁固ないし隔離という外的な事情というより、預言文書として、あるいは初期ユダヤ教における黙示文学の典型的な形式として、意識的に選択されたものであったかもしれない。この意識は復活の主によって預言の筆記が命じられていること（一19、なお二二10参照）にうかがわれる。

四　資料

本書の文学的構成を明確にしようとするとき、全体にわたる論理的な、また一貫性あるプランを提示することが困難であることに気づく。本書には、しばしば思考の前進なしに幻が提示されるし、時に、二つの幻の間には矛盾さえある。こうした問題を解決するため、古くから支配的な解釈は、本書が同一の出来事を異なった観点から何度も記述している、という理論である。内容上、八2―一一19と一五1―一六21の部分において、七つのラッパの災いと七つの平鉢の災いとがほぼ並行しており、八―一四章で取り扱われている主題が一五―一八章で再び現れることは容易に観察することができる。特に、ローマの滅亡という主題に関する一二―一三章と一七―一八章の類似は明白である。とはいえ、反復説は唯一の解決策ではもちろんない。一九世紀末以来、資料批判に基づく解決策も提案されてきた。著者は資料に基づいて編集しているのだという仮説が提起され、その場合、仮想される資料の数によってそれらの仮説は異なる。二つの資料（ヨハネ・マルコとケリントス）がトラヤヌス帝とハドリアヌス帝の治世下に編集されたとか、ユダヤ教資料がキリスト教資料と結合されたとか、六〇年のキリスト教資料と七〇年のユダヤ教資料とがキリスト教徒著者によって結合されたとか、二つのキリスト教黙示（ネロ治世下のヘブライ語黙示と、ドミティアヌス治世下のギリシア語黙示)、あるいはトラヤヌス治世下にヨハネ・マルコの黙示と二つのユダヤ教黙示(ポンペイウスとカリグラ)とが編集されたとか、さらには六つの原始的黙示が編集されたとか、多種多様な仮説が提案された。これは、どの部分に重複や矛盾を認めるかによって、想定される資料の数が異なってくるからである。これら一九世紀の資料批判的研究は本書の著者が資料を用いたことをはっきりとさせた。しかし、確定できる資料はわずかであり、またその範囲も限られたものである。広範な一貫した資料やそれらの再構成は、本書全体にわたる文体上の統一性に基づいて厳しい批判に曝された。それによると、反復や並行は資料の相違を示すのではなくて、むしろ著者の文学上の見取り図を示すものである。こうして、本書は複数文献資料から編集された文書というより、種々の素材を利用して執筆された文書とみなすべきであり、本書の資料への問いは執筆の際に利用された素材の性質と出所を明らかにすることである。

著者ヨハネは旧約聖書に精通しており、本書の至る所でそれを引用ないし暗示する。本書全体は四〇四節を数えるが、そのうち二七八節が何らかの形で旧約聖書への言及を含んでいると言われる。とりわけ頻繁に利用されるのは、イザヤ、エゼキエル、およびダニエルといった預言書であるが、とりわけダニエルの幻がヨハネ的象徴の最も重要な直接的資料であり、想像世界に関してはエゼキエルが主要資料となっている。例えば、王座(エゼ一章、一〇章→黙四章)、小さな巻物(エゼ二9→黙五1。エゼ三3→黙一〇10)、封印を解いたときの四つの災い（エゼ一四21↓黙六8、参照としてゼカ一8-10、六1-3）、地の四隅を支える天使（エゼ七2↓黙七1）、災いを免れるために神の僕が額に受ける刻印（エゼ九4↓黙七3）、災いを象徴する、地を打つ天の火（エゼ一〇2↓黙八5）、解き放たれる災い（エゼ七5、26↓黙八13）、淫婦（エゼ一六章、二三章↓黙一七章）、都市陥落の嘆き（エゼ二七―二八章↓黙一八章）、神の祝宴に招かれる鳥類（エゼ三九17-20↓黙一九17以下）、死人の復活（エゼ三七章↓黙二〇4）、ゴグとマゴグの攻撃（エゼ三八―三九章↓黙二〇7-10）、メシア的エルサレムの描写（エゼ四〇―四七章↓黙二一9-二二2）といった風である。しかも、主要テーマの利用の仕方は散発的な借用ではなく、非常に体系的、徹底的である。例えば、ごく一部を例示すれば、出エジプトについては、神の名の啓示（出三14↓黙一4、8、四8、一一17）、エジプトを襲う災害（出七―一〇章↓黙九章と一六章）、紅海渡海（出一四―一五章↓黙一五2-3）、契約の箱（出二五章↓黙一一19）が容易に挙げられ、ダニエル書からは、神の民の迫害（ダニ七章↓黙一三1-8、一七12、二〇4。ダニ三5-7、15↓黙一三15。ダニ八10↓黙一二4）、人の子（ダニ七13↓黙一四14）、最後の審判記述（ダニ七10、22↓黙二〇4、12）が挙げられる。さらに、詩篇やモーセ五書、特に創世記と出エジプト記も用いられる。しかし、それらの文書の名前が挙げられることはないし、また逐語的な引用をすることも稀である。恐らく、彼は旧約テクストを記憶から自由自在に利用し得るだけ熟知し、それを自分の黙示的な関心に沿って再解釈するのである。

さらに、正典以外の旧約文書の引用は見られないけれども、著者が黙示伝承にも精通していたことは明らかである。それゆえ、第一エノク書、第二エズラ書、第二バルク書、シビュラの託宣といったユダヤ教黙示文学に用いられる思想、概念、象徴に類似するものが多数見いだされる。また、その他のキリスト教黙示文書との顕著な類似は、本書が初期キリスト教黙示文学を代表するものであることを示している。また本書全体にわたって、比較的多量の占星術に関わる知識が散見される。さらに一二章では太陽神の誕生と迫害の神話、また勝利および混沌・竜の攻撃と墜落の神話や、一三章では既に旧約聖書に出る怪獣レビアタン、ベヘモート神話の利用が認められる。天体が人間の運命を左右するという信仰に基づいて、そのような占星術的な思弁はユダヤ人と異邦人の別なく、また教養の有無を問わず、古代地中海世界全体に広まっていたものである。ユダヤ教文献においては、それは特に黙示文学に目立っている。すると、この点でも、われわれは著者の直接的な知識というよりは、黙示文学の伝統から汲み出した知識を手にしていることになる。

若干の箇所では、新約正典福音書との類似も見いだせるが、それらは直接的な文献上の依存を示すというより、共通の伝承に基づく相似であろう。しかし、イエスの著名な教えが殆ど用いられず、またイエスの地上の生涯に対して完全に無関心であることは、本書が福音書を生み出した初期キリスト教思潮とは全く別の潮流を代表するものであることを示すものである。

五　執筆意図

最初の三章が本書に初めから含まれていたとするならば、本書が特別な必要のあった特定グループのキリスト教徒に向けて書かれたことは明らかである。黙示録本体（四章以降）は最初の三章の手紙よりも広い読者を念頭に置いているように思われるが、それにもかかわらず、二二16が示しているように、限定的な目的は見失われていない。著者は彼の使信が教会の礼拝で朗読されることを意図している。

七つの教会に宛てられた手紙はこれらの教会の内部状況のおおよそをもらしている。真の預言者として、著者は彼が教会の主から受け取り、教会員に伝えなければならない叱責や勧告を本書に記録する。全般的に、その背景になっている教会の精神的な弛緩・頽廃への傾向が明らかである。ある教会は不道徳な環境世界の圧力に屈しつつある。ある教会は偽教師によって著者の目から見れば誤った道に踏み込んでいる。かくして、多くの教会が悔い改めへの呼び掛けを必要としているのである。しかし、それらの叱責や勧告は非難や懲罰を意図したものではなくて、むしろ励ましである。それは各々の手紙が、主の約束の言葉と、聞く備えのある者はそうするようにと言う勧めの句とで締め括られることが明瞭に示している。

教会内部の精神的衰微は、教会と国家の間の緊張と対立がますます増大しつつあるという外部状況によってもたらされたものである。ローマ帝国の国家祭儀と支配者崇拝は、帝国内の雑多な民族からなる住民の間に政治的な忠誠心を植え付けるための政治的手段の一つであった。そのために、神殿や祭壇が帝国内の各地に建てられ、またそれらの宗教儀式を司る祭司たちが任命された。政治的手段であったからこそ、効率的な行政組織と司法権力とをもって、それらの国家祭儀に参加することが奨励され、必要によっては強制されさえしたのである。時と共に、死後に神格化された皇帝の崇拝は現存の為政者であった皇帝を生ける神として崇拝する祭儀へと進展し、強制力を強めることになった。ユダヤ人だけは民族固有の宗教の特殊性が公に認められて、これへ参加する市民としての義務を免除されていた。初期にはキリスト教はこの公認の宗教であるユダヤ教の陰に隠れて、国家祭儀への不参加を隠すことができたろう。しかし、一世紀末には、キリスト教はもはやユダヤ教内の一分派ではなく、独立した宗教とみなされるまでに伸展していたし、大多数のキリスト教徒が非ユダヤ人であったから、彼らもまた、国家の神格化である皇帝を礼拝する祭儀への参加が彼らの政治的な忠誠心の証しとして求められた。それに対する彼らの抵抗と拒否は弾圧と迫害、また場合によっては殉教の死を招くことになる。彼らの中には妥協を選び、国家祭儀に参加した者もあったろう。しかし、信仰かあるいは迫害かの選択に直面させられたとき、教会を去った者も少なくなかったろう。

この状況が黙示録を生み出すきっかけとなった。ここで手をこまねいて見ていれば、予期される迫害の強化はひ弱い信徒の間にますます背教者を続出させ、遂には教会を雲散霧消に消滅させてしまうかもしれない。このような危機の只中で、本書の著者は筆をとった。礼拝するのは皇帝か、あるいは神か、完全なる忠誠心は皇帝に示されるべきかそれとも神に対してか、著者は信徒に対して、その二者択一を先鋭化させた形で突き付ける。彼にとって、その選択は永遠の滅びか、それとも永遠の救いかの間の選択であった。それと同時に、皇帝とその悪魔的な力はかならずや滅び、神の支配が貫徹するという確信に基づく終末の一大預言を与えるのである。現在ローマ帝国がいかに繁栄し強大であるように見えようとも、神の最後的な勝利は確実である。しかし、その勝利は敵対する勢力が地上を蹂躙し、多数の信徒を殉教の死に追いやった後にしかやって来ない。まさに、この恐ろしい患難と誘惑とが襲いかかろうとしている信徒に向かって著者は、ローマの支配の象徴である獣とバビロンの、それゆえサタンそれ自身の、最後的敗北と滅亡の一大ドラマを描き出して見せることで、希望の使信を彼らに伝えようとするのである。それによって、歴史を支配する神に対する信仰と希望とに彼らを踏みとどまらせようとする。著者の使信は神の正義の最後的勝利への強靱な楽観主義に貫かれた神的歴史哲学であり、本書を貫くテーマは悪魔的な諸力への復讐ではなくて、神の民に示される神の恵みの摂理である。

六　文学的・思想的特徴

一連の幻視的な像によって、近い未来に起こるはずの世界の終末についての事柄が描写される本書は、神話的素材や秘密に満ちた数、また天的世界の事柄についての啓示の手段としての幻や顕現など、ユダヤ教黙示と同じ文学類型に属する作品である。しかし、ここに見られる黙示的ドラマはユダヤ教的終末の黙示の完全なキリスト教化である。本書の黙示的歴史観はイエスの歴史的出現に基礎づけを持っている。ヨハネにとっては、初代キリスト教徒が自ら体験したこのキリストの出来事が歴史を支配する神に対する信頼の基礎なのである。イエスが中心に立つ救済史の思想が彼の歴史哲学の根底にあり、これが救いの確信を基調とすることを可能としている。イエスの歴史に関して、ただ単に死（七14、一二11）と高挙（三21、五5、一七14）についての言及しかないとしても、彼にとってそれこそが歴史の転換であり、歴史の完成の保証であった。だから、ユダヤ教黙示が神の救いの力の明らかな証しを見いだし、それを誇るためには、イスラエルの民の偉大な過去に遡り、はるか昔の族長の神に頼らざるを得なかったのに対して、それゆえ、たとえ預言の形をとっているとしても、実際には過去の歴史についての概観を記すのに対して、幻視者ヨハネにとっては、終末的希望の根拠はイエスにおける神の救済行為とイエスの救済の業の完成への信仰であり、徹頭徹尾終末論的に規定されている。

本書は、外典黙示と異なって、エノク、モーセ、エリヤといった旧約聖書の大人物の権威のもとに自分の幻を提示することはせず、旧約聖書の伝統的テーマや表象を取り上げて、それを自分の時代史に適用して解釈している。それゆえ、例えばダニエル書七章の獣（黙一三章）に、著者は時の皇帝（ネロないしドミティアヌス）を、そして獣の上に座っている淫婦＝バビロン（一七3以下）にはローマを見る。しかし、それらの表象は決して時代史的な関連だけでは汲み尽くされないそれ独自の意味も持っている。それゆえ著者は、伝統的なテーマや表象に表現された普遍的また超越的な意味を踏まえて、彼自身の歴史を解釈したと言える。

本書の叙述に見いだされる具体的詳細は往々にして象徴的意味を持っており、それ自体が教えとなっているからである。例えば、星（一20）、燭台（一20）、七つの灯火（四5）、七つの目（五6）、獣の七つの頭（一七9－10）、白い着物（三4）はすべて象徴的な表現であり、また時折、幻視者ヨハネは読者がそれらの象徴を知っていることを前提している。それが、本書のテクストの解釈が綿密な調査を必要とする理由である。例えば、人の子とその詳細な描写（一13－16）の象徴について一瞥すると、旧約聖書から、長衣＝祭司的威厳、金の帯＝王的権限、白い頭髪＝永遠性、燃えるような目＝怒り、真鍮でできたような足＝安定性といった象徴的な意味が明らかであり、また色や数も象徴的意味を持っている。こうして、本書において、著者が神から教えられたと思った事柄が象徴に翻訳され、象徴的事物、色、数のたたみかけによって記されている。

しかし、著者は一貫性ある思想や自分の想像的幻を示そうとしたのでない。それゆえ、矛盾や一貫性のなさに気をとられずに、それらの象徴を普通の言葉に翻訳する必要がある。例えば、七つの頭と十本の角を持った獣（一三1）を視覚的に想像して、十本の角がどのように七つの頭についているのかを詮索することは無意味な問いである。むしろ、詳細にこだわらず、獣はローマ帝国とその皇帝（頭）およびその属国の王達（角）を象徴しているものと理解しなければならない。このような手続きを考慮しなければ、黙示録で語られている事柄を理解することは不可能である。

著者は他人の記述を寄せ集めたにすぎない俗っぽい編集者ではなく、彼自身の独創性も遺憾なく発揮している。エゼキエル書一章と本書四1－8を比較すれば、本書の叙述が荘厳にして素朴であり、一種の詩を感じさせるものであることがわかる。著者は旧約聖書を利用するために徹底的探査をしているが、それは想像力の欠如のせいではなくて、キリストのゆえに信徒が耐えている苦難は預言されていなかったわけではないことを説明したかったからである。旧い預言は現在の状況を明らかにする機能を持っており、彼は旧約預言をその機能から説明する。それは歴史全体を統率する神の計画の一部をなしている。現在時の迫害における患難は、エジプトで奴隷とされたイスラエル人の苦難や、セレウコス王朝でユダヤ教を弾圧したアンティオコス・エピファネスの宗教政策との戦いにおけるイスラエル人の苦難と同じものである。神の言葉は永遠に留まり、救いの約束は古代にも有効であったと同じく、常に力強く、現実的であり続けるという確信からの旧約探査であった。幻視者ヨハネは自分を預言者と意識しているが、預言者の世襲はなく、人を預言者として立てる唯一また同一の霊が存在しており、それは預言者を鼓舞し（二二6）、彼らに一つの、そして永遠に同一の使命を課する（一四6）主なる神の霊である。

本書は教会史のあらゆる時代を通じて、新約聖書の中では普通でない幻視的また象徴的な内容とその難解さのゆえに、神学的には絶えず論争の的となった。そのことは、本書が古代教会において最終的に正典文書の中に位置を占めるまで、とりわけ東方教会においては根深い疑いがあったことからも明白である。それは今日においても変わらない。黙示録に「終末史についての真正の使徒的記述」を見いだす者もあれば、ただ単に「われわれの信仰の歴史における歴史的危機の貴重な記念碑」を見いだし、そのキリスト教は「わずかにキリスト教化されたユダヤ教」にすぎないとする者もある。今日、黙示録を解釈するための学問的方法については、広範な一致が見られる。本書を著者の意図にそって、時代の隔たりを越えて理解するためには、表象や象徴の伝承上の意味を問い（伝承史）、著者がどのような近い終末の待望を告げているかを確定し（終末史）、著者の現在との関連づけから、終末が現在時にどれほど実現しているとみなされているのかを観察する（時代史）ことを欠くことはできない。これらの方法を用いて、個々の表象や象徴の意味を比較的正確に確定することは可能である。また、本書に反復や矛盾があり、またイエスの過去の顕現や教会の現在的な経験が終末史に織り込まれていることは、本書が決して「終末時の出来事のタイム・スケジュール」を提示しようとしたのではなくて、信仰者にとってのみ理解可能な、本質的な歴史の全体像を伝えようとしたことを示している。しかし、その本質像を作り上げる表象や象徴は、新約聖書の中心的な告知と緊張関係に陥る、ないしは矛盾する（例えば、六10の復讐の叫び、二〇2以下の地上での千年王国の待望など）古代の世界像あるいはユダヤ教やヘレニズムの思想をも前提としている。それゆえ、本書において告げられた終末論的歴史観がどの程度その他の新約文書の使信内容と一致するのか、また、現代のわれわれにとって異質なその黙示的未来描写が、今日のわれわれにどのような実存的な意味を持ち得るのかという点について、今後なお説明されるべき本質的な問題が残っている。

〔付記〕右に記したような黙示録の性格から、その翻訳はしばしば解釈の領域に踏み込まないではすまされなかった。したがって、翻訳は「原典への忠実さ」を心掛けているが、その場合の忠実さとは「歴史的・批判的釈義の観点から、原文の意味にもっとも合致する」という意味に了解されている。そのために、そしてとりわけ注の作成に際して、佐竹明著『ヨハネの黙示録 上・下巻』（新教出版社、上・一九七八年、下・一九八九年）の優れた注解書を大いに利用させていただいたことを付記しておきたい。

「ヨハネの黙示録」の図像学

石原綱成

図Ｉ　「ハデスの口から死の騎士が現れる」ネーデルラントの黙示録写本，1400年頃，パリ国立図書館。

図Ⅱ 「最後の審判」ロヒール・ファン・デル・ウェイデン，1442–48年，ボーヌ，オテル・デュ美術館。

図Ⅲ　「大天使ミカエルと竜の戦い」リベル・フロリドゥス，15世紀，シャンティイ，コンデ美術館。

図Ⅳ 「第四のラッパ，禍いだと鳴く鷲」『ベアートゥス注釈書』975年，ヘローナ大聖堂。

図V　「七つの封印がある巻物をもつキリスト」549年頃，ラヴェンナ，サン・ヴィターレ大聖堂のアプシス。

図Ⅵ　「太陽をまとう女性をねらう竜」『ベアートゥス注釈書』レオン，1047年，マドリード国立図書館。

図Ⅶ 「パトモス島のヨハネ」『ベリー公のいとも華麗なる時禱書』ランブール兄弟，1409–15年，シャンティイ，コンデ美術館。

図Ⅷ 「天上のエルサレムを示す天使」バンベルクの黙示録，11世紀初，ライヒェナウ，バンベルク市立図書館。

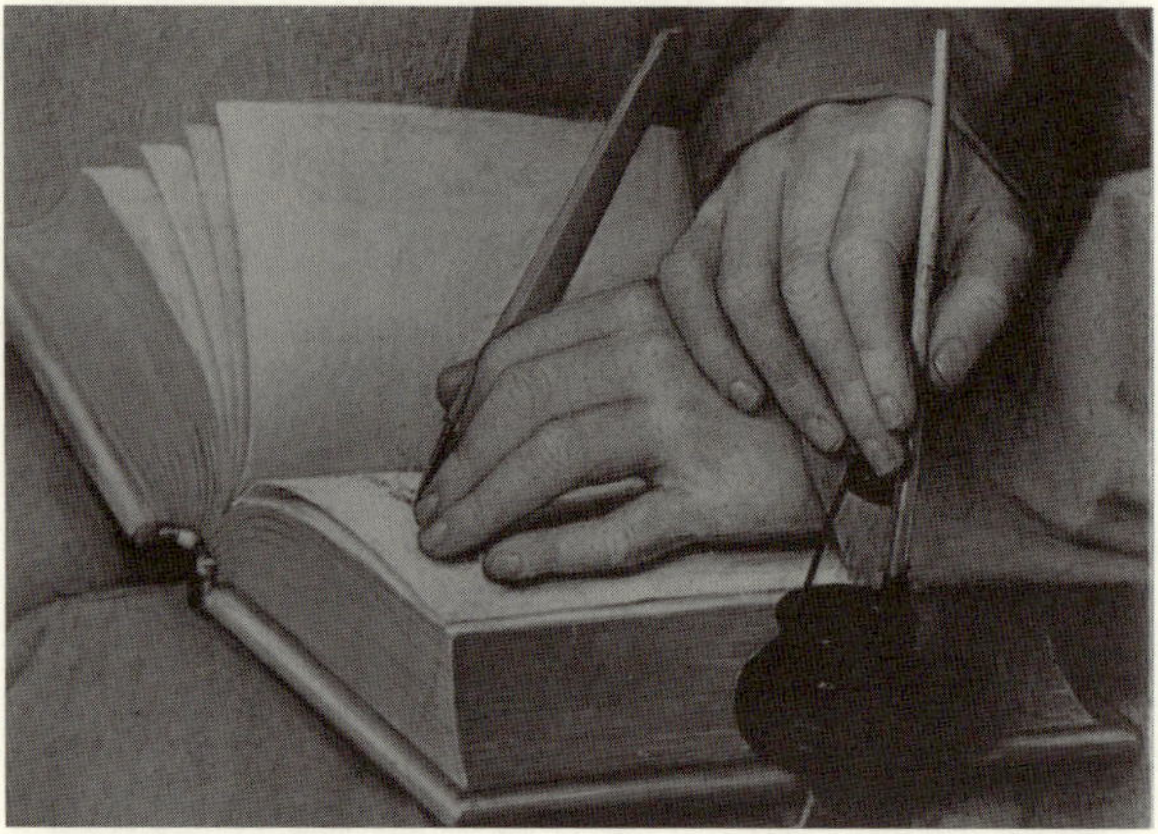

図IX　ヨハネ祭壇画右翼（部分）　ハンス・メムリンク，1475–79年，ブルッヘ，メムリンク美術館。

一　ヨハネ黙示録と図像成立の背景

黙示（Apokalypse）とは啓示のことであり、未来のとばりを開くという意味がある。それが拡大ないし転用され、現在の世界秩序の終末と次の新しい世界秩序についてのヴィジョンを示すものを指すことになる。神が僕ヨハネに示したものは善と悪の戦いであり、来るべき世界の胎動であった。その幻想をヨハネがパトモス島で書き留め、さらにそこに秘められたメッセージをアシアの七つの教会に送った。それがヨハネの黙示録であるとされる。

ヨハネ黙示録は、迫りくる終末、この世の審判、キリストの再来とキリスト者たちの救いについてと、その主題は連関し一本の筋に貫かれている。このような内容をもった文書は、新約聖書にはほかにみられない。描かれているのは人間の理性をはるかに越えた出来事であり、そのリアリティは人間にたやすく把握できるようなものではない。それは人間に対して啓示され、彼岸から一方的に告知される真理である。黙示録の言葉はそれを聞く者にしてみれば、あくまでも未知なるものであり、今初めて啓示された真理として聞き従うべきものなのである。

これは、イエス・キリストの黙示である。この黙示は、すぐにも起こるはずの〔一連の〕

事柄を、神が自分の僕たちに示すために、イエス・キリストに与えたものであり、そして〔そのイエスが今度は〕自分の天使を遣わして、彼の僕であるヨハネに知らせたものである。（黙一―1）

この文章で始まるヨハネ黙示録は、長年にわたる議論の末に、新約聖書の正典として加えられたのであるが、この書は、四福音書に劣らぬ豊富な素材を西洋美術に提供した。ヨハネ黙示録の豊饒なイメージの世界が、宗教、文学、思想のみならず、政治的・社会的にもヨーロッパ精神に深い影響をあたえていることは明らかである。

二世紀以来、ヨハネ黙示録の作者はゼベダイの子、福音書記者ヨハネとされていたが、現在この説は否定されている。また、東方教会はこの書を正典に加えることにローマ教会以上に消極的であった。それは「千年王国」として知られている「聖者の千年統治」（黙二〇―1―6）に対して疑問が持たれていたからであった。しかし、教義とテキスト成立をめぐる特殊な事情はおいて、「僕（もしくは見者）ヨハネ」が「霊に満たされて」（黙一―10）語る超自然的なヴィジョンは、芸術家の想像力を刺激するのに十分な要素をそなえ、破天荒なイメージを駆使する奔放な芸術的表現を可能にした。

ヨハネ黙示録は不可思議な書である。ほかに新約聖書のどこを探してもでてこない象徴や幻想がドラマチックに展開することはすべての読者の感じるところであろう。しかし、その神秘的な性質にもかかわらず、読者を驚かせたり当惑させたりすることが、この書の目的ではない。たしかに象徴や幻の多用は、ヨハネ黙示録の特色であるが、個々のシンボルやイメージは旧約聖書、なかでも預言書からの引用であることも多い。ヨハネ黙示録の独自性は象徴の使われ方、その置かれている文脈や作用の問題にある。事象を説明するために多くのシンボルが駆使される。「七つの金の燭台」(黙一12)、「七つの星」(黙一16)、「宝石」(黙二一19-20)、「七つの封印で封をされた一巻の小巻物」(黙五1)、「馬と騎士」(黙六1-8)、「いなご」(黙九3)、「物差し」(黙一一1)、「大いなるバビロン」(黙一七5)などである。

ヨハネ黙示録は、黙示文学のカテゴリーに入る。黙示文学とは紀元前二世紀から紀元後一世紀にわたって隆盛をきわめた文学形式であった。黙示文学は激しい迫害が行われた困難な時代、あるいは一つの文明が爛熟期から退廃に向かうとき現れる。人間が知恵と力によって築いた地上世界、すなわち文明が、神の前ではいとも簡単に崩壊することにより、神に対する人間の力の空しさがあらわにされるのである。黙示文学として代表的なものがヨハネ黙示録と並んでダニエル書であり、その他にはエノク書、第四エズラ書、バルクの黙示録などがある。これらとヨハネ黙示録の異なる点は、まず著者の名が明らかにされていることである。ヨハネが神から直接霊感を受けて書かれた文書である。そして、ヨハネ黙示録の中心はキリストであり、この点が旧約の諸書と決定的に異なるところである。悲劇的破局をもって悪が滅ぼされ、その惨劇の中にメシアによる救いが訪れる。そして、救いは神の国、すなわち天上のエルサレムから始まるというキリストの再臨に物語の中心が据えられているのである。

ヨハネ黙示録の図像は、初期キリスト教美術からカロリング朝美術、ロマネスク美術、ゴシック美術、さらにミケランジェロ、ファン・アイク、デューラー、ハンス・メムリンク、エル・グレコなど、各時代のさまざまな様式の中で描かれ、多くの傑作を生み出した。特に、「最後の審判」や「大天使ミカエルと竜の戦い」などはテキストから離れ、図像として独自な発展をとげる。

ただし、ビザンティン美術では黙示録は宗教図像のなかから除外されていた。例えば「最後の審判」の巨大な構図のうちに黙示録（主として二〇、二一、二二章）がみられるにすぎない。ビザンティン美術の理念は、古代ギリシア・ローマの古典主義的伝統のもと、すべての現実は宇宙（コスモス）の中で空間的に互いに秩序づけられており、万物は宇宙の秩序のうちに正しく配置されている、というところにあった。したがって人間も「理性的」にこの世界を洞察できる。このような思想的土壌では、黙示録のような人間理性を超絶する不思議なヴィジョンの連続など入り込む余地はない。

しかし西方教会では、そのテキストの歴史性とイメージの超絶性ゆえに、ヨハネ黙示録の図像表現が早くから望まれ、物語の全体にわたる連作も試みられた。キリスト教美術は、その起源がローマのカタコンベの壁画にあることからもわかるように、小羊、魚、良き羊飼いなどの独自なシンボル、象徴的要素を持っており、そこから新しい芸術の展開が始まった。ヨハネ黙示録の象徴は、初期キリスト教美術の中にも早々と取り入れられていく。そしてキリスト教がローマ帝国で公認されると、それらは教会堂のモザイクへと受け継がれ、初期のものとは比較にならないほど大規模なものになる。バティカンのサン・ピエトロ聖堂の内陣モザイクには、シオン山上の小羊が描かれ、その他さまざまな黙示録の象徴、すなわち「アルファとオメガ」（黙一8他）、「神の玉座」（黙一4）、「四匹の生き物」（黙四6）、「二十四人の長老」（黙四4他）、「七つの角と七つの目を持つ小羊」（黙五6）、「新しいエルサレム」（黙二一2）、「命の水が涌く泉」（黙二一6）などが描き込まれることになる。

キリスト教美術に表現されたヨハネ黙示録のシンボルのうち最古のものは「アルファとオメガ」であろう。キリストは、すべての始まりと終わりを意味するこの言葉を三度述べる（黙一8、二一6、二二13）。このアルファとオメガの文字は、キリストのモノグラムの左右の両脇、もしくは十字架の横木の下に吊り下げられている（図2）。これはキリスト教会を表すものだったが、次第に異教に対する勝利を意味するようになった。

またシオン山上の小羊も黙示録の重要な象徴であり、四〇〇年頃から教会内のアプシス（内陣）にあらわれる。小羊の立つ楽園から四つの命の水が流れる川が描かれるが、これは洗礼のシンボルとなる。小羊はたいてい単独で、ときに四匹の生き物によりかこまれている。また十字架のそばに立っていることもある。メダイオンの中にいる場合は十字架の中心にいることが多い。

以上のような代表的なシンボルは個別には早くから描かれていたが、ヨハネ黙示録の全体が一つの構図として表現されるのは、ローマのサン・パオロ・フォーリ・レ・ムーラのモザイク（五世紀中頃）を待たねばならない。アーチ型の壁中央に神の胸像があり、その左右に四匹の生き物、その下には二十四人の長老が十二人ずつ描かれている。その後、サン・パオロのモザイクは中世を通して盛んに取り上げられ、六世紀から九世紀初めまでモザイク画に継承される。このようにしてヨハネ黙示録の象徴的なイメージは、西ヨーロッパの各地にたちまち広まっていく。最古の黙示録写本挿絵がヴァランシエンヌ、カンブレ、トリールに現存することは、黙示録のイメージが、アルプス以北で独自な展開をとげたことを意味する。しかしそれらはペン描きで、画風はいたってプリミティヴであり、黙示録のもつ幻想的な雰囲気は表現されていない。それに対しハインリヒ二世のためにつくられたバンベルクの黙示録（図Ⅷ、43）は古典古代の復興を目指し、人物像の表現に重点がおかれている点で興味深い。

二　図像の歴史

全体像

初期キリスト教美術にヨハネ黙示録の図像が現れるようになるのは、ニカイア公会議（三二五年）以降であり、キリスト教の教義の基盤ができてからである。初期の図像はキリストの賛美を目的とし、黙示録の物語の内容を表す連作ではなかった。主として、「玉座の幻視」（黙四2–5）、「シオン山上の小羊礼拝」（黙一四1–5）、「新しいエルサレム」（黙二一9–21）の場面を表すものとして始まった。その他には、キリストのシンボルが黙示録の場面に組み込まれ、それは神のもとに高挙されるキリストの栄光と結び付き、「玉座のキリスト」像を生み出す契機となった。

東方教会はヨハネ黙示録の正典への編入に消極的であったために、「玉座のキリスト」像は旧約聖書の神の顕現から取られ、それらは「キリストの顕現」の図像となった。その中で、玉座はエゼキエル書一章と一〇章にある四つの生き物によって支えられている。それにたいして西欧では、ヨハネ黙示録四章の「玉座の幻視」を発展させ、「玉座のキリスト」から後に「マエスタ・ドミニ（荘厳のキリスト）」と呼ばれる光の環（マンドルラ）に囲まれた構図が成立する。そこでは、四福音書を表す四匹の生き物が高挙されたキリストの栄光と賛美の歌を歌っている。この黙示録のモティーフは彼岸の表現に一定の規範を与えることとなると同時に、キリストの世界統治と再臨を表すようになった。またユスティニアヌス期において黙示録図像は礼拝の際、中心的役割をはたしていた。

六二九年のコンスタンティノポリスの教会会議では、小羊の図像をキリストのシンボルとすることが禁止されてしまう。さらにその後の東方では、ギリシア思想からの影響やユダヤ教とイスラム教の影響でおこった八―九世紀のイコノクラスム（聖像破壊運動）により、ヨハネ黙示録の連作は発展しなかった。黙示録の図像において小羊は重要なモティーフであったので、この禁止令はビザンティン美術での黙示録の連作の発展を阻むこととなった。対照的にローマでは五世紀頃からすでに黙示録の大規模な図像が現れ、レオ一世（在位四四〇―四六一年）のもとで作成され、十九世紀に修復されたローマのサンタ・プラッセデ教会のアプシスには、二十四人の長老がキリストに冠を差し出している場面がある（図12）。またサンタ・コスマ・エ・ダミアーノのモザイクでは黙示録五章の場面が大規模な図像構成で描かれている。四世紀の中頃から、「玉座のキリスト」には終末論的象徴が与えられ、キリストと小羊は神を崇拝する場面と結び付くようになる。しかし、小羊は七つの封印がある巻物を持つが、黙示録にある七つの目や七つの角は描かれていない。七つの燭台、四人の天使、四匹の生き物がガラスの海（黙四6）の上の玉座の周りに見られる。長老たちはひれ伏し、玉座を前に冠を差し出している。これらの図像は全能者キリストの姿であり、円蓋の中に描かれたキリスト、栄光のキリストの再臨をあらわしている（黙一7、マタ二四30）。

六世紀になると、黙示録美術は一層大規模になり、サンタ・マリア・マッジョーレ（五世紀初）やサンタポリナーレ・ヌオヴォ（六世紀初）などのアプシスに別の場面が取り入れられるようになるが、それは黙示録の内容に則した連作というものではない。写本挿絵の成立はまだ後のことである。六世紀頃になると黙示録の連作が描かれるようになったという美術史上の憶測がしばしば見られるが、それは八世紀以降のカロリング期の黙示録写本挿絵（トリールとヴァランシエンヌの黙示録挿絵）に古代後期の先例にならった部分があるということを根拠にしていた。しかし次項で述べる十世紀以降のベアートゥス写本にはカロリング美術からの影響は見られない。しかし、カロリング期より黙示録写本は連作の形をとるようになり、テキスト全体にわたって挿絵が施されるようになる。もちろん連作が短縮される場合もあるが、一定の選択基準というものはない。また個別作品は十世紀に始まるオットー朝期の壁画にみられるが、大部分は失われている。大聖堂の彫刻は個別作品を生み出す結果となり、十二世紀には主要な彫刻群が成立し、二十四人の長老がティンパヌム（聖堂の入り口上部の半円形の小壁）に作られる。十三世紀後半になると、ランス大聖堂西正面に黙示録の彫像が数多く作成される。ステンドグラスは十三世紀より現れ、タピストリーや板絵は十四世紀頃からである。写本挿絵は十五世紀の中頃より一般的になり、やがて木版画の連作に発展する。

ヨハネ黙示録が写本挿絵として描かれるのは九世紀からであり、黙示録のテキストに口絵やイニシャルが描かれる。黙示録が正典に加えられると、十一世紀からさまざまなヴァリエーションが登場する。黙示録の本文がいつ、どのような理由で聖書から独立して独自な注解書を生み出したかについては、はっきりしていない。しかし、九世紀初よりすでに始まり、やがて、黙示録本文は挿絵入りで聖書から完全に独立する。これは黙示録への関心を高める結果となり、復活祭とペンテコステ（聖霊降臨祭）の間の典礼で黙示録が盛んに引用されるようになる。その結果、黙示録のテキストの必要性が高まり、挿絵付きの黙示録が作られる。その中で最も有名なのが、ベアートゥス『黙示録注釈』写本である。

写本芸術

中世初期の写本でリエバーナのベアートゥスによる『黙示録注釈』、いわゆる「ベアートゥス写本」ほど数多く残っているものはない。三十二部現存し、そのうち二十五部はほぼ完全な状態にあり二十二部はミニアチュールが施されている。各写本の成立年代は十世紀から十三世紀初めが大部分で、例外的に十六世紀初期の写本が二部伝えられている。現存のベアートゥス写本のうちの十八部は、九四〇年から一二九二年までの間に集中している。用紙は羊皮紙で、字体は十一世紀末までは西ゴート文字、後代になるとカロリング文字及びゴシック文字になっていく。例外はパリの国立図書館にあるサン・スヴェールのベアートゥス写本で十一世紀のものであるが、カロリング文字で筆写されている。装丁には皮革が用いられ、ミニアチュールにはすべて彩色がほどこされている。

現存するベアートゥス写本の最古のものは、今日マドリード国立図書館に所蔵されるものの一つであり、ヴァレラニーカ修道院で作成されたもの。次はエスコリアルのモナステリオ王立図書館にあるもの（図27、37）で、サン・ミリャーン・デ・ラ・コゴーリア修道院で十世紀中頃から末にかけて作成されたものと推定されている。ベアートゥス写本は署名、日付、製作場所が記されている点で他の一般の写本とは異なっている。その記載からフロレンティウス、マギウス、エメテリウス、マルティヌス、オベスコファクントゥス等の画家の名、セニョール、ペートルス＝クレリクスといった書家の名を知ることができる。

ベアートゥスの『黙示録注釈』が十、十一世紀に広まった理由は、まず、キリスト生誕後千年という黙示録の義人千年説にしたがえば「最後の審判」の期待される年の近くであったことに由来しよう。ヨハネ黙示録がイベリア半島で尊ばれ、広く読まれた理由の一つは、そこにおけるキリスト教徒の置かれた立場が、黙示録の書かれた時代のローマ社会におけるキリスト教徒の立場と相似するものが多かったからであろう。両者は政治権力によって迫害され、それからの解放、迫害者の没落を待ち望むと言った点でたしかに共通点があった。ローマのキリスト教徒にとってローマ皇帝の支配権のシンボルであった「獣」はイスラム君主の支配を、首都ローマを意味した「バビロン」はコルドバ市を、偽預言者はムハンマドを、竜は迫害するイスラム教徒を、大淫婦はイスラムの教えそのものを意味するものになった。ローマの異教世界の没落、キリスト教の勝利を預言するものであった黙示録は、レコンキスタの成就、イベリア半島のイスラム支配の終焉を意味するものであった（木間瀬精三「修道士ベアートゥスと『黙示録注解』写本」、『キリスト教美術の誕生と展開』聖心女子大学キリスト教文化研究所、一九八三年、三―九頁参照）。

その他、十一世紀初め、ハインリヒ二世のために作られた豪華本バンベルクの黙示録があるが、これは同時代のベアートゥス写本とはまったく異なり、古典古代を復興させようとしたシャルルマーニュの意図を反映させてか、人間像の表現に重点がおかれている。人物の数は少なくなり、物語の説明は不十分になるが、その表現はより身近になり緊張感をだしている。また、『ザンクト・エムメラムの福音書』(ミュンヘン国立図書館)や『サン・メダールの福音書』(パリ国立図書館)などにも、ローマのモザイクにあるキリストや小羊の図像からの影響がみられる。シャルルマーニュの古代復興政策は、ローマ帝国没落後西ヨーロッパに蔓延したプリミティヴィズムや抽象主義の美術に抵抗して、古代美術を通して理想的人間像を表現しようとするものであるが、それを最もよく表しているのが、これらの豪華本である(吉川逸治『ロマネスク美術を索めて』美術出版社、一九七九年、一三七―一三九頁参照)。

三　ヨハネ黙示録の主な内容と図像

福音書記者ヨハネが煮えたぎる油の中で殉教する場面

デューラーの黙示録版画の連作の冒頭を飾るものであるが、黙示録本文にはこの場面はない。典拠は十三世紀のヤコブス・デ・ウォラギネによる『黄金伝説』であり、ローマ皇帝ドミティアヌス統治下でのキリスト教迫害時代、ヨハネは煮えたぎる油の釜に投げ込まれたという伝承に基づく。彼は合掌し、釜の中に裸で坐り、刑吏は柄杓で彼の頭に油をかけている。

黙示録（一 10–16）、「人の子がヨハネに黙示を与える」（図8）

大きな声がすると、ヨハネは小アシアの七つの教会に彼の見た幻視を伝えるように命じられる。その姿は「人の子」のようであり、七つの燭台の中央におり、右手には七つの星、左手には鍵を持ち、口からは剣が出ている。またその髪は雪のように白く、燃える炎のような目をしていた。ヨハネはその前にひざまずき礼拝している。燭台の表現は横一列に並ぶものと、キリストを囲むものとがある。キリストは巻物（たまに銘帯）や書物を、天使を介してヨハネに渡す。この場面は独立し、天使とヨハネ二人の図像が多数描かれる。

黙示録（四 2–8）、「玉座のキリスト」（図10、12）

ヨハネは玉座の姿を見る。七つの火の燭台が燃え、キリストの周囲には四つの生き物、ライオン、雄牛、人間、鷲がいる。この生き物は四福音書記者の象徴である。さらに二十四人の長老たちが金の冠を被り、竪琴もしくはリュートを持つ。この二十四人の長老を「聖歌隊」、星辰宗教の影響、十二人の預言者あるいは族長たち、および十二人の使徒たち、すなわち旧約と新約を象徴するなどの解釈があるが、いずれにせよ彼らは聖化された人間ではなく、天使的な存在である。長老たちの配置は様々で、下に二十四人、上下に半数ずついるもの、またキリストや小羊を中心に円形に取り囲むものなどがある。ロンドンのベアートゥス『黙示録注釈』の長老の配置は円形の代表例である。

黙示録（五6―14）、「神の小羊」（図13、14）

玉座の神から巻物を受け取り、その七つの封印を解く七つの角と七つの目を持つ小羊は、神から巻物を直接受け取るか、キリストの復活の旗を持ち、聖杯のある祭壇の上で巻物の封印を解いている。周りには二十四人の長老、四匹の生き物がおり、画面の端でヨハネがその光景を目撃している。

黙示録（六1―8）、「黙示録の四騎士」（図15―18）

この四騎士は、黙示録の図像において最もダイナミックに表現されるものの一つである。四つの封印を解くと、白い馬に乗る「征服者」、剣を持ち、赤い馬に乗る「戦争」、天秤を持ち、黒い馬に乗る「飢饉」、青白い馬に乗りハデス（黄泉）を従える「死」が人間に災いをもたらす。中世までは、最初の騎士はキリストを表していると考えられていたが、四人とも災いをもたらすものである。馬に乗る騎士たちは王冠を被り、皇帝風の服を着ている。また「死」の騎士は中世の「死の舞踏」を思わせる骸骨となる。また大きな口を開けたハデスも画面で重要な位置を占めるようになり、司教のみならず、多くの人間たちを飲み込んでいる。弓を持つ騎士は異邦人を表す尖り帽子を被っていることがあるが、この騎士をローマ帝国に脅威を与えたパルティア人（古代イランの遊牧民）の軍隊にルーツがあるという説もある。

黙示録（六9－11）、「殉教者の甦り」（図19）

敬虔なる者として死んだ人々（ローマ帝国の迫害の殉教者）たちが祭壇の下に現れる。第五の封印が解かれ雪辱が果たされる。各人に白い衣が渡される。祭壇の上には聖杯と巻物を持つ小羊がおり、人々は棺から起き上がるか、裸で立っている。ヨハネは画面の端でこの光景を目撃する。マドリード国立図書館のベアートゥス写本では、死人たちは全員首を切断されて祭壇の周りに倒れている。

黙示録（六12－17）、「第六の封印を解く」（図20、21）

第六の封印が解かれると、大地震が起こり、太陽は黒くなり、月は血のように赤くなり、星は地面に落ち、山や島が動く。この出来事は終末の兆候として黙示文学において語られる。地震で建物が積み木崩しのようになり、山や島は木の葉のように空中に舞う。万物の秩序が解体する様子が描かれる。人々は洞穴に隠れ難を逃れようとするが、災害は容赦なく彼らを襲う。

黙示録（七1－8）、「信徒の保護」（図22、23）

四人の天使が四方の風を押し止めている間に、十四万四千人に刻印が施される。天使は人間の顔をした風の口または頬を押さえて風を止めている。アナグニ大聖堂の天井の弓梁部に描かれている風の図は二本の角と羽を持った魔物になっている。これは、風は古代の大帝国の象徴という説からのものかもしれない。

黙示録（七9－17）、「キリスト者の神の賛美」

キリスト教徒が白い衣を着て、なつめ椰子の枝を持って玉座と小羊の前に立ち、神を賛美している。その周りには、二十四人の長老、四匹の生き物がいる。この人物は聖化された人々で、神の新しい世界とともに始まるであろう来る栄光を表している。ヨハネはこの光景を画面の右下か左下で見届ける。

黙示録（八1－13、九1－13）、「七つのラッパ」（図24―31）

七つのラッパがキリストより天使たちに与えられる。それぞれのラッパが鳴らされると、雹や火、血などの災害が雨のように降り注いだ。大地の三分の一が焼け、川の三分の一に毒が入り、太陽、月、星の三分の一が暗くなった。下界では街が燃え、船が沈んでいる。この三分の一という数は図像ではあたかも円グラフのように正確に示される。ベアートゥス写本（図Ⅳ、27）、バンベルク写本、アレキサンダー写本などでは円形状の太陽、月、大地の三分の一が黒く塗られている。その他、船が空から落ちる燃えたぎる山によってことごとく破壊される場面は、悲鳴をあげ逃げ惑う人々の感情表現をあらわす手段として描かれる。アンジェのタピストリー（図26）などは代表的な例である。ペリン写本のヨハネは画面の枠の外からこの惨状を見ている。また、一羽の鷲（八13）が「禍いだ」と叫びながら空を飛ぶ。デューラーの黙示録木版画では、鷲の嘴から“Ve, ve, ve”（ウエ、ウエ、ウエ）という言葉が発せられる。その他、巨大ないなご（九1－11）が神の刻印なき者を苦しめる。それらは人間の顔とさそりの刺のような尾を持っており、人間を苦しめる。パリやニューヨークのベアートゥス写本（図28）には災いをもたらすいなごが描かれている。第六のラッパ（九13－19）が鳴ると四人の天使が解き放たれ、火を吐くライオンの頭部と蛇の尾を持つ馬に乗り現れる。アンジェのタピストリー、ケンブリッジのトリニティ・カレッジの写本などでは、馬に乗る騎士は天使というよりも、コウモリの羽を持ち、醜い顔で王冠を被る悪魔となっている。

黙示録（一〇1−11）、「巻物を持つ力強い天使」（図32、33）

雲に包まれて一人の天使が現れる。その顔は太陽のように輝き、両足は火の柱のようであり、その一方を大地にもう一方を海におろしていた。天使はヨハネに巻物を食べるように命じ、ヨハネはそれをとって食べる。この天使の記述に忠実なのがデューラーの木版画とハンス・メムリンクのヨハネ祭壇画（図33）であり、雲に包まれる体、火の柱等が忠実に表現されている。その他はケンブリッジのアレキサンダー写本の天使は、太陽を表すためにその顔は歯車のようになっている。

黙示録（一二1−6）、「太陽を着て月を踏む女性」（図Ⅵ、40―42）

第七のラッパが鳴ると、「徴」が現れる。それは太陽を着た女性であり、その足元には月を踏み、十二の星からできた冠を被っている。七つの頭をもつ竜が彼女が生もうとしている子を食い殺そうと待ち伏せるが、天使たちによって子は神の元へ引き上げられる。中世ではこの女性は聖母マリヤと同一視され、しばしば月を踏んでいる聖母マリヤが描かれる。

黙示録（一二7−9）、「大天使ミカエル」（図Ⅲ、43、44）

天では戦争が起こり大天使ミカエルが竜と戦い勝利を収める。これはキリスト教が邪悪なものに打ち勝つことを示した象徴となり、黙示録の連作から独立した主題としてしばしば取りあげられる。

黙示録（一三1-18）、「第一、第二の獣」（図45—48）

十本の角と七つの頭をもつ獣が海から現れ、人々はそれを礼拝した。角の各々には王冠が載っており、頭の一つはかつて致命的な傷をおったが、治ってしまう。七つの頭は歴代のローマ皇帝、その角はパルティアの王たちをあらわしたものであろう。この獣は記述通り描かれ、人々に礼拝を強要している。時には人を殺している。ケンブリッジのアレキサンダー写本では致命的な傷をおった頭に大きな剣がささり、死んだように垂れている（図45）。次に小羊のような角を持った獣が現れ、数々の奇跡を行ない、前の獣を礼拝するようにいいふらす。この獣は偽預言者であり、パリのネーデルラント写本（図48）には偽りの刻印を人々に付与する獣が描かれている。

黙示録（一四14-20）、「二種類の収穫」（図51、52）

「怒りの葡萄」の収穫の場面、キリストは鎌（大鎌）を持ち、雲の上の玉座にいる。天使たちは葡萄を収穫しそれを酒ぶねに入れる。そこから血が流れ、馬のくつわまで達する。パリの黙示録写本（図52）やケンブリッジのトリニティ・カレッジの写本では酒ぶねの中にもがき苦しむ悪魔がいる。

黙示録（一七3－6）、「バビロンの淫婦」（図55―57）

バビロンの淫婦は七つの頭と十本の角を持つ緋色の獣に乗って現れる。手には姦淫の穢れに満ちた金の杯がある。バビロンの淫婦とは古代ユダヤ教の黙示文学、および初代キリスト教会の伝統においては、ローマのことである。獣の七つの頭はローマの七つの丘を象徴している。宗教改革期においては、教皇庁のローマを表す。図像では女王のように冠を被っているものや、その服装から明らかに娼婦とわかるものもある（図56）。ドレスデンのアレキサンダー写本には、冠を被り、裸のバビロンの淫婦が十二個の丘の上に座っている。また、パリのホルトゥス・デリキアルム写本（図57）では淫婦が獣とともに燃えさかる火の中に投げ込まれる。

黙示録（一八21－24）、「石を持つ力強い天使」（図60、61）

一人の力強い天使が大きな引き臼のような石を海に投げ込んで、バビロンの崩壊を予言する。図像では引き臼を海に投げ込むものと、天使が、燃えさかるか倒壊するバビロン上空を飛ぶものとがある。後者を描くバンベルクの写本ではバビロンの都はまったくさかさまな状態で描かれる。その都では、魑魅魍魎がうごめく（パリの黙示録写本）。

黙示録（一九11―16）、「終末の緒戦」（図64―66）

「信頼でき真実なる者」と呼ばれる者が白い馬に乗って現れる。彼の目は炎のようであり、口からは太刀が出ており、鉄の杖をもっている。その衣は血に染まっていた。キリストの再臨を表す。その風貌は黙示録一章のものとほぼ同じである。しかし中には十字架の盾と剣を持っていたり（図65、66）、ニンブスが王冠に代わっていることもある。

黙示録（二〇1―3）、「太古の蛇」（図67）

地獄の鍵と鎖を持った天使が、「太古の蛇」を捕らえ、千年の間底なしの深淵に投げ込んだ。蛇は悪魔またはサタンである。図像では、蛇と悪魔が両方縛られ穴にほうり込まれる（図67）。またブレスラウのアレキサンダー写本では王冠を被った皇帝らしき人物が穴に押し込められている。穴は大きな口を開け、火を吐くハデスになっていることも多い。

黙示録（二一2―二二5）、「新しいエルサレム」（図71―73）

一人の天使がヨハネを山の頂に連れて行き、新しい聖都エルサレムが天から下ってくるところを見せる。それは方形をしており、高い壁とそれぞれに天使のいる十二の門があった。その都は純金ででき、あらゆる宝石で飾られて、その中を命の川が神の玉座から流れている。この記述は後の教会建築に少なからず影響を与えたとされる。ベアートゥス写本のエルサレム（図71）は小羊を中心に、十二の門と天使が平面状に描かれている。この図像は仏教美術の曼陀羅、特に胎蔵界曼陀羅の形とよく似ている。ヨハネは山からこの光景を見るが、時には天使がヨハネをおぶって都を示していることもある（オックスフォードのドゥース黙示録）。

学術文庫版あとがき

本書の原本は、「はしがき」で記したとおり、一九九六年秋に『ヨハネの黙示録』として岩波書店から出版された。その本文は最初、同出版社発行の『新約聖書翻訳委員会訳 新約聖書』の中に収められていたものだが、その中からヨハネ黙示録本文だけを抜き出し、それにキリスト教図像学専門家の石原綱成氏選定による図版が添えられて、別途単独に出されたものであった。岩波版新約聖書は、日本聖書協会発行の『新共同訳聖書』に対する様々な批判を考慮して、東京大学大学院の荒井献教授のもとに門下生が集って、「原典により忠実な翻訳」を心がけた企画であった。ただし、ヨハネ黙示録の翻訳に関しては、この文書の性格上、しばしば解釈の領域に踏み込んだ訳文とならざるを得ず、黙示録に関しては「原典への忠実さ」は「歴史的・批判的釈義の観点から、原文の意味に最も合致する」という意味で理解したことを、わざわざ解説を記した部分で付記した次第であった。

例えば、冒頭の一節は、文法上は主語として「神」しか記されない。すると「イエス・キリストの黙示」の属格は目的格的に「〜について」と読むしかなくなるが、9節以下の記述内容に照らせば、明らかに「イエスが彼の僕ヨハネに与えた黙示」として、主格的属格でしかあり得ず、後半句の主語は「イエス・キリスト」と解する他ない。また、「彼の僕《しもべ》であるヨハネに知らせた」と「自分の天使を」の間に分詞「遣わして」が目的語なしに置かれる。目的格は関係代名詞「その〔黙示〕を」しかないが、これは、新約聖書の用例においては「遣わす」の目的語としては結びつかないから、定動詞「知らせた」の目的語となっている、と解する他ない。実際、「遣わす」は新約聖書において目的語なしに「人を遣わす」の意味で用いられ、物を目的語とする場合も、使者概念で捉えうる「霊」ないしは使者の「言葉」との結合でしか用いられない。それゆえ、ここで意味されているのは、キリストが自分の天使を派遣して、その彼らを通して神に与えられた黙示をヨハネに知らせた、ということであり、この文意をできるだけ本文表現に忠実な形で翻訳する、ということになる。

今回、講談社のご厚意により、学術文庫の一冊として再版されることになった。「学術をポケットに」をモットーとする文庫に加えられることは望外の喜びである。心残りは、翻訳に解釈が欠かせないという意味では、この間に現れた諸研究、とりわけ佐竹明著『現代新約注解全書　ヨハネの黙示録　上・中・下』（新教出版社）と田川建三著『新約聖書　訳と註7　ヨハネの黙示録』（作品社）と対話しつつなされるべき訳文の再検討が、時間的な余裕がないという単純な理由で、できなかったことである。それゆえ、全く修正加筆のないままの再版となってしまった。ただ、翻訳はあくまで近似値にすぎないので、訳文を根本的に見直す必要があったとは今も感じていない。むしろ、二十世紀のかなり後半まで、「伝統的理解を批判しさえすれば学問的」という新約学に蔓延していた雰囲気が、U・ヴィルケンス著『聖書批判の批判〔Kritik der Bibelkritik〕』という書の出版にも見られるように、「批判的リアリズム」へと変わっているように思われることは歓迎すべきことであり、本書がそうしたバランスのとれた学問的聖書理解に少しでも貢献するものであることを心より希うものである。

二〇一八年二月

小河　陽

見出し目次

ュギアの粉末目薬は有名。紀元61年に地震で壊滅的被害を受けるが，「私は……富んでおり，私に不足するものは何一つない」というようなことを言って，ローマ帝国の援助を拒否，自力で復興したと言われている。

わたしのたみ　私の民（laos mū）
元来神の民としてのイスラエルを指す表現。新約聖書においては，キリスト信徒に転用されている。

名。アシア州における皇帝礼拝発祥の地であり，またその後の中心地ともみなされ，その他にも，医学の神アスクレピオス神殿，ゼウスやディオニュソス神殿など各種の異教祭祀が盛んで，それぞれに巡礼者を引きつけ，偶像礼拝の中心地の観があった。黙2：13の「サタンの王座」はおそらく皇帝礼拝のための祭壇か，ゼウスの祭壇を指している。

マナ（manna）

元来,「マナ」はイスラエル民族のエジプト脱出後に，荒野を放浪する彼らに神が日ごとに与えた食物（出16章ほか参照)。ユダヤ教では（伝説では，エレミヤによって契約の箱と共に隠されるが〔第2マカベア書2：4–8〕)，メシア時代に再び与えられる食物，ないし来たるべき世における義人の食物とみなされていた。

ミカエル（Michaēl）

天使長の一人で，イスラエルの守護天使（ダニ10：13，21，第一エノク書20：5，なおユダ9参照)。

むらさき（のころも）　紫（の衣）（porphyrūs）

紫の染料は，フェニキア沿岸でとれる2種類の貝殻からわずかに得られる高価なもので，緋色と並んで高貴な人の着衣，特に王とその親族の着衣の色として用いられた。ルカ16：19参照。

よみ（のくに）　黄泉（の国）（Hāidēs）

「黄泉（の国)」は「死」と同義であり，元来は死者が永遠に住む地下の世界を意味した。しかし，復活信仰がイスラエルに浸透した結果，義人が復活の時まで留まる場所，あるいはすべての人間が終末審判まで留まる場所と考えられた。

ラオデキア（Laodikeia）

フィラデルフィアの南東およそ70キロ，メアンデル川の支流リュコス川に面した場所にあったフリュギア地方の町。同じリュコス川流域の東15キロほどのところにコロサイ（コロ4：13–16）があった。交通の便に恵まれ，金融と毛織物業で栄えていた誇りに満ちた豊かな町。ここには著名な医学校があって，特に，フリ

ル山」，あるいは，発音上の近さから，「彼の実り豊かな山」（＝ハルミグドー），すなわちエルサレム，あるいは「集会の山」（＝ハルモエド，イザ14：13参照）など，さまざまな提案がなされている。

ハレルヤ（hallēlūia）

元来「ヤハウェを賛美せよ」というヘブライ語。おそらく，会堂礼拝で賛美の言葉として祭儀的に用いられていたことを背景にして，ギリシア語旧約聖書でも借用語としてそのまま用いられた。最後の賛歌群に初めて出てくるのは，救済のクライマックスにふさわしい最高の賛美の言葉とみなされたからであろう。

ひとのこ　人の子（hyios tū anthrōpū）

「人の子」は主として福音書の中でイエスの自称として用いられる称号であるが，その意味は明確ではない。ここではメシア的像としての，ダニ7：13–14に見られる終末審判者像（マコ14：62参照）が背景にある。なお，「人の子のような者」の描写については，ダニ10：5–6と7：9を参照。

ひめられたいみ　秘められた意味（mystērion）

黙示文学において重要な役割を果たす概念。将来の出来事は，この世には隠されているが，その経過が天上ではすでに決定されている。幻によって天上界を見て「秘められた意味」を知った黙示者は，この世の将来を予見し，謎に包まれているかに思われる現在の世界状態をも理解することができる。

フィラデルフィア（Philadelpheia）

サルディスの南東およそ45キロに位置した小さな町。紀元17年の大地震によって壊滅したが，ティベリウス帝によって再建，ネオ・カイサリアとの別名を得た。農業と織物や皮革工業によって繁栄した。紀元2世紀初めにイグナティオスがこの教会宛に手紙を記している。

ペルガモン（Pergamos/Pergamon）

スミュルナの北東およそ70キロ，海岸からおよそ24キロの内陸にあって，カイコス川を見おろす岩山の上に位置していた町。前133年以後ローマの属州となってからはアシア州の首都として政治の中心地。羊皮紙巻物の図書館や医学校があったことでも有

時は政治犯を幽閉するのに利用され，ヨハネは信仰のゆえに官憲によってその島に追放されていた。

バビロン（Babylōn）

イザ13：19参照。「バビロン」は前６世紀に南王国ユダを滅ぼして，その住民を連行した新バビロニアの首都。前539年にペルシアのキュロスによって征服された後は，政治的に力を振るうことはもはやなかった。しかし，王国滅亡と捕囚という民族的大事件との関わりから，神罰を受けて滅亡すべき瀆神的な異教勢力の代表として，捕囚期前後の預言者にしばしば言及され，紀元70年以後のユダヤ教文献においては，この名前のもとに，同じくエルサレムを破壊したローマが意味されるようになる。黙示録の著者は，このバビロンとローマの同等視を前提としている。

バラム（Balaam）

旧約聖書では，モアブの王バラクによって，イスラエルを呪うように頼まれるが，神の命令によって祝福してしまうバラムの記事がある（バラムに勝る神の力を強調する民22–24章のバラム像，これと異なって，イスラエルを偶像崇拝に陥らせようとする誘惑者としてのバラムを強調する民31：16のバラム像を参照）。おそらくこの旧約の人物が象徴的な意味に用いられて，黙示録の時代の異端者に転用されたもの。新約聖書でユダ11，Ⅱペト2：15でも同様の用法が見られる。

ハルマゲドーン（Harmagedōn）

ハルはヘブライ語で「山」を意味するが，これは黙20：8–9の典拠であるエゼ38–39章で，ゴグが「イスラエルの山々を襲う」とある（エゼ38：9）ことから示唆され，「マゲドーン」はおそらく地名「メギド」のギリシア語転写とする説が最も有力である。メギドはイスラエル史における何度かの決定的な戦争が戦われた場所として旧約聖書で言及され（士5：19，王下9：27，23：29〔＝代下35：22〕），集結した軍勢を襲う災禍の象徴となっているし（ゼカ12：11参照），パレスティナからメソポタミアに至る道筋という地理状況にも適合する。しかし，メギドは平地にあって山という呼称には合わない。そのため，その性格づけに照らして，エリヤとバアルの預言者たちとの対決の場となった「カルメ

ダビデのね　ダビデの根（riza Davïd）

ダビデはエッサイの子であるから，「ダビデの根＝後裔」はメシア預言とみなされたイザ11：10の「エッサイの根」と同じ。ただし，死海写本はエレ23：5，33：15，ゼカ3：8，6：12のメシア的解釈を背景に，「ダビデの若枝」をメシア称号として用いているから，「ダビデの根」はイザ11：10に直接的に依拠するというより，当時一般的に流布していたメシア称号であったと考えられる。

タラントン（talanton）

メソポタミア，カナン，イスラエルで用いられた大きな重量単位で，その重さは時代，地域によって異なるが，聖書においては，およそ34キロ。新約時代のギリシア貨幣では6000ドラクマに相当，これはおよそ25.8キロ。

ちのよすみ　地の四隅（tessares gōniai tēs gēs）

古代オリエントでは，世界は四角い平面をなしていると考えられていた。そして，地の四隅から吹く風は，災いをもたらすと信じられていた（エレ49：36，エゼ37：9，ダニ7：2）。

テュアティラ（Thyateira）

ペルガモンから内陸部に向かって南東へおよそ60キロのところにあった町。さらに南方にサルディス，フィラデルフィアに通じる街道が延びていた。大都市ではなかったが，多数の交易組合を持ち，羊毛や染料で有名であった商業中心地。ヘレニズムの慣例として，それらの組合はおそらく定期的な偶像の祭りを後援した。

なかぞら　中空（aēr）

「中空（アエール）」とは「大空（アイテール）」と比較して，より低い空のことで，当時の占星術や悪霊論によれば，悪霊たちの住む領域で，そこから人間界に対して彼らの力を行使する。

パトモス（Patmos）

南エーゲ海上，エフェソの南西90キロほどのところにあった，周囲およそ45キロ，面積にして34平方キロの岩がちの小島。当

しもべたち　僕たち→「神の僕」

しゅのひ　主の日（kuriakē hēmerā）

「主に献げられた日」で，元来安息日のこと。初期キリスト教ではイエスの復活を記念する日として日曜日が意味されるようになる。

スミュルナ（Smyrna）

エフェソの北方約56キロのところにあった港町，エフェソに次ぐ小アジア第二の商業都市。現在もトルコの大都市イズミルとして栄える。

そこなしのしんえん　底なしの深淵（abyssos）

黙示録では，サタンやサタンに属する者たちが最終的な刑罰を受けるまで，一時的な罰として千年間閉じこめておかれる場所。

ソドム（Sodoma）

邪悪で，神に対して多くの罪を犯したため，神の怒りに触れて滅ぼされたとされる町（創19：24–25参照）。神に反逆する者たちの典型とみなされるようになった（イザ1：10，ルカ10：12参照）。エルサレムがその「ソドム」の名で呼ばれる。

だいいちのふっかつ　第一の復活（hē anastasis hē prōtē）

黙示録には「第二の復活」は記されない。これは，千年王国の後に起こる非信徒の復活と審判を考えていたものが，復活は信徒にのみ与えられる救済の賜物であるという観念から，それを放棄したためであろう。

だいにのし　第二の死（ho thanatos ho deuteros）

地上的生命の死（「体の死」と考えられている）を第一の死として，その後の最後的・決定的な死（すなわち，魂までも滅ぼされる死，マタ10：28参照）のこと。

ダビデのかぎ　ダビデの鍵（kleis Davïd）

イザ22：22参照。そこでの「ダビデの家の鍵」がメシア信仰から解釈され，天のエルサレムの鍵を持つこと，すなわち，キリストが救済と滅びの最終的な決定権を持つことの象徴的表現となった。

きょうだいたち　兄弟たち（adelphoi）
　僕仲間も兄弟も，信仰共同体を包括的に表現するもので，意味上の区別はない。
けいやくのはこ　契約の箱（kibōtos tēs diathēkēs）
　モーセに与えられた十戒を刻んだ二枚の石板をおさめた箱。それはソロモン神殿の至聖所に置かれていて（王上8：1，6，代下5：2–10参照），祭司以外は近づくことも見ることもできない。

さかぶね　酒ぶね（lēnos）
　「酒ぶね」は葡萄またはオリーブを搾るために，果樹園の中に造られた設備。上下２槽からなり，上槽に収穫物を入れてつぶし，下槽で果汁を受け溜めた（マコ12：1参照）。葡萄の場合は，足で踏みつぶした。「酒ぶねを踏む」（14：20）は，ヨエ4：13以外にも，イザ63：2–3，哀1：15で神罰の象徴として用いられている。
サルディス（Sardeis）
　テュアティラの南南東およそ55キロに位置する町。前７～６世紀にはリュディア王国の首都として栄えたが，ローマ時代にはかつての繁栄を失っていた。羊毛の集散地，また染織工業の地として名が挙げられる。神々の母なる大女神ティベリスの神殿があった。
シオンのやま　シオンの山（to oros Siōn）
　シオンは，元来，エルサレムの南東の城塞化された丘を指す名前であったが，ダビデ朝ソロモン王がその北方の丘に神殿を建てて以来，神殿の立っている丘，さらにはエルサレム全体を指す呼称として用いられるようになった。前６世紀頃のバビロン捕囚期以降，イスラエルの異民族支配からの解放と最終的救済の待望とが結びつき，終末的な神の帰還と定住の場所，メシアの出現する場所，またディアスポラ（離散）のユダヤ人の帰還あるいはイスラエルの「残りの者たち」の集合の地として，重要な役割を果たすようになった。それゆえ，「小羊がシオンの山の上に立つ」とは，終末的な救済の開始を意味する。

に理解されるようになった（ダニ12：1）。新約聖書では，ルカ10：20，フィリ4：3，ヘブ12：23参照。

いのちのみず　命の水（hydōr zōēs）

泉の水はすでに旧約聖書において神が与える生命，特にメシア時代のそれの象徴となる（イザ12：3，55：1，エレ2：13，エゼ47：1–2）。この伝統を受け継ぎ，ヨハ4章では涌き水が聖霊の象徴となっている。それゆえ，黙22：1は三位一体論への暗示が見られると言われることもある。

エフェソ（Ephesos）

小アジア西岸の大都市。天然の良港があり，古くから商業・交通の要地として栄えていたが，ローマ時代には属州アシア州の政治・経済上の中心地として機能した。ここに，著名なアルテミス女神の神殿があり，その祭祀の中心地でもあった（使19：27–28，35参照）。

おうこく　王国（basileia）

神の国のこと。空間的領域というよりは，王支配，王統治という内実を意味する表現。

かいどう　会堂（synagōgē）

しばしば，ギリシア語（シュナゴーゲー）に由来する「シナゴーグ」という語が使われる。礼拝と教育の機能を持つ，ユダヤ教の地域共同体の集会所，またそこに集う集会を意味する。起源は明らかではないが，前6世紀頃の捕囚期ないし捕囚期以後に遡る。紀元70年の神殿滅亡以後は，ユダヤ教宗教生活の中心となる。

かみのしもべ　神の僕（dūlos tū theū）

「僕」と訳した語は正確には「奴隷」であるが，主人に従属し仕える義務を持つ者の意味で用いられている。僕は主人に対するこの義務を有すると同時に，彼から保護と愛顧を期待できる者でもある。それゆえ，「神の僕」は信徒を意味する伝統的用語として定着した。ここでは，その特定グループというより，「預言者・聖徒」，「御名を畏れる者」と同様に，いずれもキリスト信徒一般が意味されている。

12：3に基づいて，「不滅の存在」ないしは「永遠の命」の象徴とする説もある。

あなたのみち　あなたの道（hodoi sū）

「道」は，自然の進行や人間や神の行為，態度，習慣，計画，目的，運命などのメタファーで，「御業と道」によって，神の創造とその後の歴史において示される神の力強い行為と救済とが意味されていることになる。ここでは，そのような神の行為の具体的一行為としての敵対者に対するさばき（＝災い）が念頭に置かれている。

アバドーン（Abaddōn）

ヘブライ語で「滅び」を意味する。旧約聖書で滅びないし滅びが現実化する場所の意味で用いられる（ヨブ26：6，28：22〔擬人化された用法〕，箴15：11ほか）。

アポリュオーン（Apollyōn）

「滅ぼすもの，破壊するもの」を意味する。「アバドーン」と同じ意味の訳語として記されているのであろうが，疫病の神でもあったアポローンの連想があるかもしれない。

あらの　荒野（erēmos）

ユダヤ人にとって，「荒野」は，実際的な理由と並んで，イスラエル民族の荒野の放浪（出16以下，申8：2–6，使7：36–38ほか）を背景として，迫害される者にとっての「避難所」（王上17：3–6，19：4–9），あるいは終末的救済の起こる場所（マタイ24：26ほか）であった。

アルファ，オメガ（Alpha, Ōmega）

ギリシア語の最初と最後の文字，すなわち，万物の初めでありその終わりであるという意味で，神が歴史の唯一の支配者であることを述べる。

いのちのかんむり　命の冠（stephanos tēs zōēs）

「冠」についての一般的な通念を背景に選ばれた表現であり（Ｉコリ9：25ほか参照），至高の祝福としての「永遠の命」と同じ。

いのちのしょ　命の書（biblos（/biblion）tēs zōēs）

生命に与るべく定められている人々の名簿，旧約では詩69：29（イザ4：3参照）に言及されている。後期ユダヤ教では終末論的

補注　用語解説

本文中および注に＊印で示した，頻出する重要な用語，
人名，地名についての解説を，五十音順に表示する。

アーメン（Amēn）
「その通り」，あるいは「その通りになりますように」の意。主に祭儀において，神意の確認・承認を示す。また，賛美の言葉への応答にも定型的に使用される。

あかしのまくやのしんでん　証しの幕屋の神殿（naos tēs skēnēs tū martyriū）
「幕屋」とは，元来，エジプト脱出後のイスラエルの荒野放浪の時代にあった天幕造りの移動聖所を意味し（出26：1以下，サム下7：6ほか），その中に十戒を納めた「証しの箱」ないし「契約の箱」（出25：10−16ほか参照）が置かれていたので，「証しの幕屋」と呼ばれた。それゆえ，カナン定住後に建てられた神殿が，比喩的に「幕屋」と呼ばれることもあり，「幕屋の神殿」は類語反復的表現である。

あくまと（かさたんとか）よばれるもの　悪魔と（かサタンとか）呼ばれる者（ho kalūmenos diabolos kai ho Satanās）
「サタン」は，元来，告発者や敵対者を意味するヘブライ語普通名詞であるが，新約聖書では神の敵対者の頭目として固有名詞化され，「悪魔」はそのギリシア語訳語として同義に用いられる（ルカ4：2，ヨハ8：44）。

あけのみょうじょう　明けの明星（ho astēr ho prōinos）
「明けの明星」はⅡペト1：19にも出て来るが，それがメシアを意味する表象であること以上には何もわからない。イザ14：12では，最高の支配権を所持するものとしてのバビロン王が「明けの明星」と呼ばれている。すると，黙2：28の場合は終末にキリストと共に世界を支配する地位を与えるという意味か。ダニ

石原綱成（いしはら　こうせい）

1961年生まれ。東海大学大学院文学研究科文明研究専攻博士課程中退。専門はキリスト教美術。高崎健康福祉大学准教授。共著書に『マグダラのマリア無限の愛』（岩波書店）『ユダとは誰か』（講談社学術文庫）『レオナルド・ダ・ヴィンチの世界』（東京堂出版）『ユダのいる風景』（岩波書店）など。

本書の原本は、「新約聖書翻訳委員会」名義で一九九六年、岩波書店から刊行されました。

小河　陽（おがわ　あきら）

1944年生まれ。国際基督教大学人文科学科卒業。東京大学大学院人文科学研究科西洋古典学専攻博士課程中退。宗教学博士。現在，立教大学名誉教授，関東学院学院長。著書に『イエスの言葉』『マタイ福音書神学の研究』（ともに教文館）『旧約の完成者イエス』（日本キリスト教団出版局）『パウロとペテロ』（講談社選書メチエ）『新約聖書に見るキリスト教の諸相』（関東学院大学出版会）など。

講談社学術文庫

定価はカバーに表示してあります。

ヨハネの黙示録《もくしろく》

小河《おがわ》陽《あきら》　訳

2018年５月10日　第１刷発行
2024年６月10日　第７刷発行

発行者　森田浩章
発行所　株式会社講談社
東京都文京区音羽 2-12-21 〒112-8001
電話　編集（03）5395-3512
販売（03）5395-5817
業務（03）5395-3615

装　幀　蟹江征治
印　刷　株式会社広済堂ネクスト
製　本　株式会社国宝社
本文データ制作　講談社デジタル製作

ISBN978-4-06-292496-2

「講談社学術文庫」の刊行に当たって

これは、学術をポケットに入れることをモットーとして生まれた文庫である。学術は少年の心を養い、成年の心を満たす。その学術がポケットにはいる形で、万人のものになることは、生涯教育をうたう現代の理想である。

こうした考え方は、学術を巨大な城のように見る世間の常識に反するかもしれない。また、一部の人たちからは、学術の権威をおとすものと非難されるかもしれない。しかし、それはいずれも学術の新しい在り方を解しないものといわざるをえない。

学術は、まず魔術への挑戦から始まった。やがて、いわゆる常識をつぎつぎに改めていった。学術の権威は、幾百年、幾千年にわたる、苦しい戦いの成果である。こうしてきずきあげられた城が、一見して近づきがたいものにうつるのは、そのためである。しかし、学術の権威を、その形の上だけで判断してはならない。その生成のあとをかえりみれば、その根は常に人々の生活の中にあった。学術が大きな力たりうるのはそのためであって、生活をはなれた学術は、どこにもない。

開かれた社会といわれる現代にとって、これはまったく自明である。生活と学術との間に、もし距離があるとすれば、何をおいてもこれを埋めねばならない。もしこの距離が形の上の迷信からきているとすれば、その迷信をうち破らねばならぬ。

学術文庫は、内外の迷信を打破し、学術のために新しい天地をひらく意図をもって生まれた。文庫という小さい形と、学術という壮大な城とが、完全に両立するためには、なおいくらかの時を必要とするであろう。しかし、学術をポケットにした社会が、人間の生活にとってより豊かな社会であることは、たしかである。そうした社会の実現のために、文庫の世界に新しいジャンルを加えることができれば幸いである。

一九七六年六月

野間省一

宗教

内村鑑三著（解説・山本七平）

キリスト教問答

近代日本を代表するキリスト教思想家内村鑑三が、信仰と人生を語る名著。「来世は有るや無きや」などキリスト教の八つの基本問題に対して、はぎれよく簡明に答えるとともに、人生の指針を与えてくれる。

531

友松圓諦著（解説・奈良康明）

法句経講義《ほっくきょうこうぎ》

原始仏教のみずみずしい感性を再興し、昭和の仏教改革運動の起点となった書。法句経の名を天下に知らしめるとともに、仏教の真の姿を提示した。混迷を深める現代日本の精神文化に力強い指針を与える書。

533

暁烏《あけがらす》 敏《はや》著（解説・松永伍一）

歎異抄講話《たんにしょう》

本書は、明治期まで秘義書とされた『歎異抄』をはじめて公衆に説き示し、その真価を広く一般に知らしめた画期的な書である。文章の解釈、さらに種々の角度からの解説により、『歎異抄』の真髄に迫る。

547

友松圓諦著（解説・友松諦道）

仏教聖典

釈尊の求道と布教の姿を、最古の仏典を素材にして格調高い文章で再現した仏教聖典の決定版。全日本仏教会の推薦を受け、広く各宗派にわたって支持され、全国にあまねくゆきわたった、人生の伴侶となる書。

550

凝然大徳《ぎょうねんだいとく》著／鎌田茂雄全訳注

八宗綱要《はっしゅうこうよう》

仏教を真によく知るための本

仏教の教理の基本構造を簡潔に説き明かした名著。凝然大徳の『八宗綱要』は今日なお仏教概論として最高のものといわれている。その原文に忠実に全注釈を加えた本書は、まさに初学者必携の書といえる。

555

酒井得元《とくげん》著（解説・鎌田茂雄）

沢木《さわき》興道《こうどう》聞き書き

ある禅者の生涯

沢木興道老師の言葉には寸毫の虚飾もごまかしもない。ここには老師の清らかに、真実に、徹底して生きぬいた一人の禅者の珠玉の言葉がちりばめられている。近代における不世出の禅者、沢木老師の伝記。

639

宗教

鎌田茂雄著
観音経講話《かんのんきょう》

宇宙の根本原理を説く観音経のこころ。時代と地域を超えて信仰されてきた観世音菩薩。そして最も広く読誦されてきた観音経。道元や明恵などの仮名法語を引用しつつ、観音経典の真髄を平易に解説した好著。

1000

鎌田茂雄著
法華経《ほけきょう》を読む

諸経の王たる「法華経」の根本思想を説く。文学的にも思想的にも古今独歩といわれる法華経。わずか七巻二十八品の経典の教えを、日蓮は「心の財第一なり」といった。混迷した現代を生きる人々にこそ必読書。

1112

荒井　献《ささぐ》著
トマスによる福音書《ふくいんしょ》

キリスト教史上、最古・最大の異端グノーシス派によってつくられたトマス福音書。同書は資料的に正典福音書と匹敵する一方、同派ならではの独自なイエス像を示す。第一人者による異端の福音書の翻訳と解説。

1149

宮家《みやけ》　準《ひとし》著
日本の民俗宗教

従来、個々に解明されてきた民間伝承を宗教学の視点から捉えるため、日本人の原風景、儀礼、物語、図像等を考察。民俗宗教の世界観を総合的に把握し、日本の民間伝承を体系的に捉えた待望の民俗宗教論。

1152

小田垣雅也著
キリスト教の歴史

イエス誕生から現代に至るキリスト教通史。旧約聖書を生んだユダヤの歴史から説き起こし、イエスと使徒たちによる布教やその後の教義の論争や改革運動を、世界史の中で解説した。キリスト教入門に最適の書。

1178

山田　晶著（解説・飯沼二郎）
アウグスティヌス講話

アウグスティヌスの名著『告白』を綿密に分析し「青年期は放蕩者」とした通説を否定。また「創造と悪」の章では道元との共通点を指摘するなど著者独自の解釈が光る。第一人者が説く教父アウグスティヌスの実像。

1186

宗教

田上太秀著
仏典のことば　さとりへの十二講
諸行無常、衆縁和合、悉有仏性、南無帰依仏……。人はなぜ迷い、悩むのか。仏教の基本教理を表す十二のことばを通し、無限の広がりを持つ釈尊の教えを平易に解説。さとりへの道を示す現代人必読の仏教入門。

1995

中村　元著
慈悲
呻きや苦しみを知る者のみが持つあらゆる人々への共感、慈悲。仏教の根本、あるいは仏そのものとされる最重要概念を精緻に分析、釈迦の思惟を追う。仏教の真髄と現代的意義を鮮やかに描いた仏教学不朽の書。

2022

宮坂宥勝訳注
密教経典　大日経・理趣経・大日経疏・理趣釈
大乗の教えをつきつめた先に現れる深秘の思想、宇宙の真理と人間存在の真実を追究する、その精髄とはなにか。詳細な語釈を添え現代語訳を施した密教の代表的経典をとおして、その教義と真髄を明らかにする。

2062

宮元啓一著
仏教誕生
古代インドの宗教的・思想的土壌にあって他派の思想との対立と融合を経るなかで、どんな革新性をもって仏教は生まれたのか？　そこで説かれたのは「慈悲」と「救済」だったのか？　釈尊の思想の本質にせまる。

2102

荒井章三著
ユダヤ教の誕生
放浪、奴隷、捕囚。民族的苦難の中で遊牧民の神は成長し宇宙を創造・支配する唯一神に変貌する。キリスト教やイスラーム、そしてイスラエル国家を生んだ「奇跡の宗教」誕生の謎に『聖書』の精緻な読解が挑む。

2152

立川武蔵著
ヨーガの哲学
世俗を捨て「精神の至福」を求める宗教実践は「根源的統一への帰一」へと人々を導く――。チャクラ、調気法、坐法、観想法等、仏教学の泰斗が自らの経験を踏まえてヨーガの核心をときあかす必読のヨーガ入門。

2185

宗教

インド仏教思想史
三枝充悳著

古代インドに仏教は誕生し、初期仏教から部派仏教、そして大乗仏教へと展開する。アビダルマ、中観、唯識、仏教論理学、密教と花開いた仏教史に沿って、基本思想とその変遷、重要概念を碩学が精緻に読み解く。

2191

往生要集を読む
中村　元著

日本人にとって地獄や極楽とは何か。元来、インド仏教にはなかったこの概念が日本に根づくのには『往生要集』の影響があった。膨大なインド仏教原典と源信の思想を比較検証し、日本浄土教の根源と特質に迫る。

2197

密教とマンダラ
頼富本宏著

真言・天台という日本の密教を世界の仏教史のなかに位置づけ、その歴史や教義の概要を紹介。胎蔵界・金剛界の両界マンダラを中心に、その種類や構造、思想、登場するほとけたちとその役割について平易に解説。

2229

グノーシスの神話
大貫　隆訳・著

「悪は何処からきたのか」という難問をキリスト教会に突き付け、あらゆる領域に「裏の文化」として影響を及ぼした史上最大の異端思想のエッセンス。ナグ・ハマディ文書、マンダ教、マニ教の主要な断章を解読。

2233

道元「永平広録　真賛・自賛・偈頌《げじゅ》」
大谷哲夫全訳注

禅者は詩作者でもあった。道元の主著として『正法眼蔵』と並ぶ『永平広録』の掉尾を飾る最終巻。道元が漢詩に詠んださとりの深奥を簡明に解説し、禅の思想と世界を追体験する。『永平広録』訳注シリーズ完結。

2241

チベット旅行記（上）（下）
河口慧海著／高山龍三校訂

仏典を求めて、厳重な鎖国下のチベットに、困難を乗り越えて、単身入国・帰国を果たした河口慧海。最高の旅行記にして、生活・風俗・習慣の記録として、チベット研究の第一級の資料。五巻本を二巻本に再編成。

2278・2279

諸橋轍次著
孔子・老子・釈迦「三聖会談」
孔子・老子・釈迦の三聖が一堂に会し、自らの哲学を語り合うという奇想天外な空想鼎談。三聖の世界観や人間観、また根本思想や実際行動が、比較対照的に鮮やかに語られる。東洋思想のユニークな入門書。

574

今道友信《いまみちとものぶ》著
西洋哲学史
西洋思想の流れを人物中心に描いた哲学通史。古代ギリシアに始まり、中世・近世・近代・現代に至る西洋の哲人たちは、人間の魂の世話の仕方をいかに主張したか。初心者のために書き下ろした興味深い入門書。

787

河合隼雄《かわいはやお》著（解説・遠藤周作）
影の現象学
意識を裏切る無意識の深層をユング心理学の視点から掘り下げ、新しい光を投げかける。心の影の自覚は人間関係の問題を考える上でも重要である。心の影の世界を鋭く探究した、いま必読の深遠なる名著。

811

諸橋轍次《もろはしてつじ》著
荘子《そうじ》物語
五倫五常を重んじ、秩序・身分を固定する孔孟の教えに対し、自由・無差別・無為自然を根本とする老荘の哲学。昭和の大儒諸橋博士が、その老荘思想を縦横に語り尽くし、わかりやすく説いた必読の名著。

848

廣松《ひろまつ》　渉《わたる》著（解説・柄谷行人）
〈近代の超克《ちょうこく》〉論　昭和思想史への一視角
太平洋戦争中、各界知識人を糾合し企てられた一大座談会があった。題して「近代の超克」――。京都学派の哲学に焦点をあて、本書はその試みの歴史的意義と限界を剔抉する。我々は近代を〈超克〉しえたのか。

900

R・カイヨワ著／多田道太郎・塚崎幹夫訳
遊びと人間
超現実の魅惑の世界を創る遊び。その遊びのすべてに通じる不変の性質として、カイヨワは競争、運、模擬、眩暈を提示し、これを基点に文化の発達を解明した。遊びの純粋なイメージを描く遊戯論の名著である。

920

宗教

倉田百三《ひゃくぞう》著（解説・稲垣友美）
新版 法然と親鸞の信仰
信仰は思想ではない。生きることそのものなのだ！『出家とその弟子』で知られる求道的文学者が、「一枚起請文」と「歎異鈔」の世界に深く分け入り、情熱をこめて信仰と人生を語り説く。感動の仏教入門。
2432

竹村牧男著
親鸞と一遍 日本浄土教とは何か
無の深淵が口をあけ虚無の底に降り立った中世日本に日本浄土教を大成した二人の祖師。信心と名号、全く対照的な思索を展開した両者の教えの精緻な読み込みを通して日本人の仏教観の核に鋭く迫った清新な論考。
2435

大谷哲夫全訳注
道元「宝慶記《ほうきようき》」
真の仏法を求めて入宋した道元禅師は、天童山でついに正師たる如浄に巡り会った。情熱をもって重ねられる問を受けとめる師の喜び。正しい教えを得た弟子の感激。八百年の時空を超えて伝わる求道と感激の書！
2443

マルティン・ルター著／深井智朗訳
宗教改革三大文書 付「九五箇条の提題」
記念碑的な文書「九五箇条の提題」とともに、一五二〇年に公刊され、宗教改革を決定づけた『キリスト教界の改善について』、『教会のバビロン捕囚について』、『キリスト者の自由について』を新訳で収録した決定版。
2456

秦 剛平訳
七十人訳ギリシア語聖書 モーセ五書
前三世紀頃、七十二人のユダヤ人長老がヘブライ語聖書をギリシア語に訳しはじめた。この通称「七十人訳」こそ、現存する最古の体系的聖書でありイエスの時代の聖書である。西洋文明の基礎文献、待望の文庫化！
2465

藤代泰三著（解説・佐藤 優）
キリスト教史
イエスの十字架から教会制度、神学思想、宣教などの変遷を、古代から現代まで描ききり、キリスト教史の枠組みのなかで日本のキリスト教を捉え直す。世界宗教の二〇〇〇年史をこの一冊で一望できる決定版！
2471